3年

実力アップ 白地図ノート

特別ふろく

教科書ワーク96ページのプラスワークも見てみましょう。

自分だけの地図を作って社会の力をのばす！調べ学習にも！

年	組	名前

※地図の縮尺は異なっている場合があります。また、一部の離島を省略している場合があります。

「白地図ノート」はとりはずして使用できます。

●勉強した日　　月　　日

1 わたしのまちの地図をつくろう

キミが住んでいるまちの地図をつくってみよう。どんな土地の使われ方をしているかな。地図記号も使ってみようね。

方位の記号

●勉強した日　　月　　日

2 みんなのまち①
北海道・青森県・岩手県

使い方のヒント
次の都道府県を地図帳で調べてみよう。知っているたて物や山・川などがあれば、地図に書きこもうね。

●都道府県名をなぞってみよう。
●点線になっているところは、となりあう都道府県とのさかいだよ。上からなぞってみよう。

北海道

青森県

岩手県

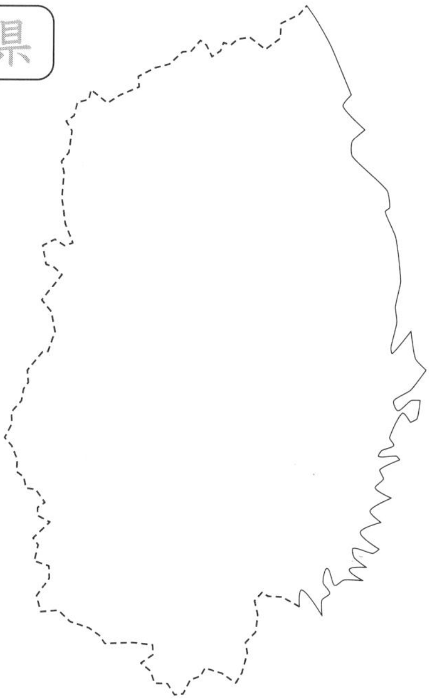

※地図の縮尺は同じではありません。

●勉強（べんきょう）した日　　月　　日

3 みんなのまち②
宮城県（みやぎけん）・秋田県（あきたけん）・山形県（やまがたけん）・福島県（ふくしまけん）

使い方のヒント
次の都道府県（とどうふけん）を地図帳（ちずちょう）で調べてみよう。知っているたて物（もの）や山・川などがあれば、地図に書きこもうね。

●都道府県名をなぞってみよう。
●点線になっているところは、となりあう都道府県とのさかいだよ。上からなぞってみよう。

宮城県

秋田県

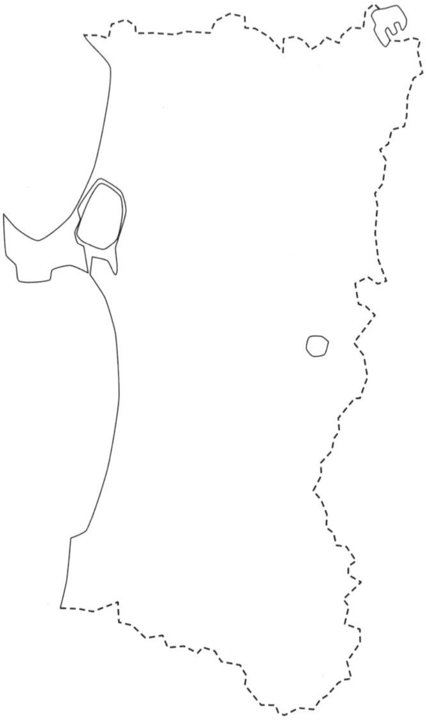

山形県

福島県

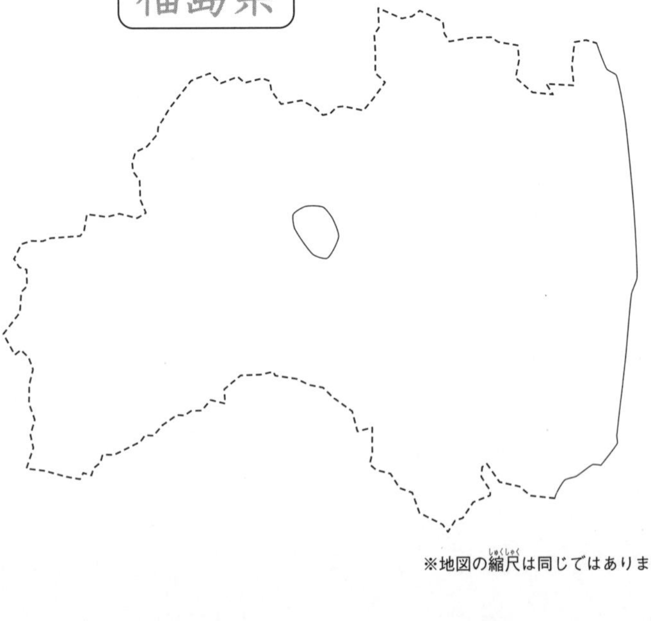

※地図の縮尺（しゅくしゃく）は同じではありません。

●勉強した日　　月　　日

4 みんなのまち③ 茨城県・栃木県・群馬県・埼玉県

使い方のヒント
次の都道府県を地図帳で調べてみよう。知っているたて物や山・川などがあれば、地図に書きこもうね。

●都道府県名をなぞってみよう。
●点線になっているところは、となりあう都道府県とのさかいだよ。上からなぞってみよう。

茨城県

栃木県

群馬県

埼玉県

※地図の縮尺は同じではありません。

●勉強した日　　月　　日

5 みんなのまち④
千葉県・東京都・神奈川県

使い方のヒント
次の都道府県を地図帳で調べてみよう。
知っているたて物や山・川などがあれば、
地図に書きこもうね。

●都道府県名をなぞってみよう。
●点線になっているところは、となりあう都道府県とのさかいだよ。上からなぞってみよう。

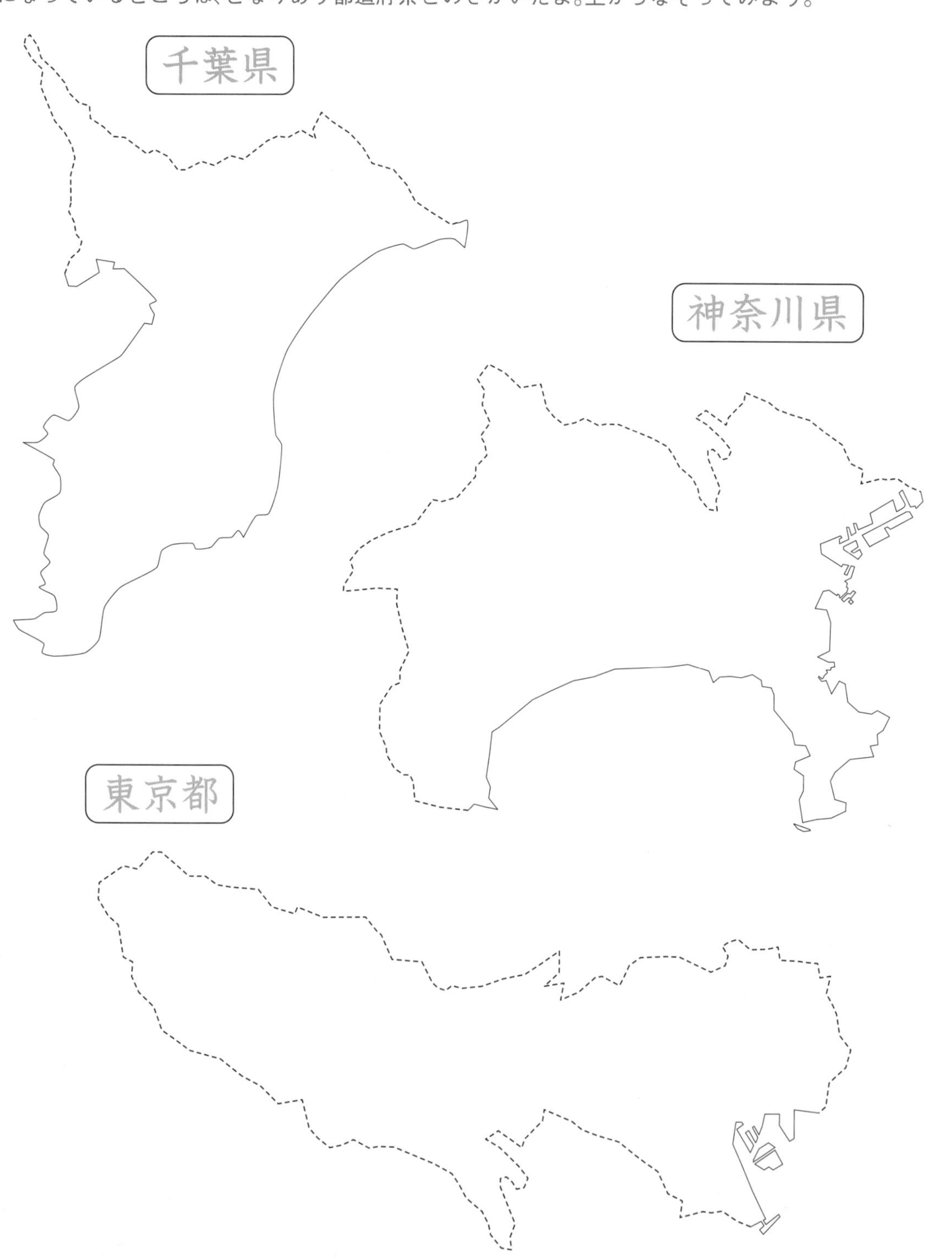

※地図の縮尺は同じではありません。

●勉強した日　　月　　日

6 みんなのまち⑤

新潟県・富山県・石川県・福井県

使い方のヒント
次の都道府県を地図帳で調べてみよう。知っているたて物や山・川などがあれば、地図に書きこもうね。

●都道府県名をなぞってみよう。
●点線になっているところは、となりあう都道府県とのさかいだよ。上からなぞってみよう。

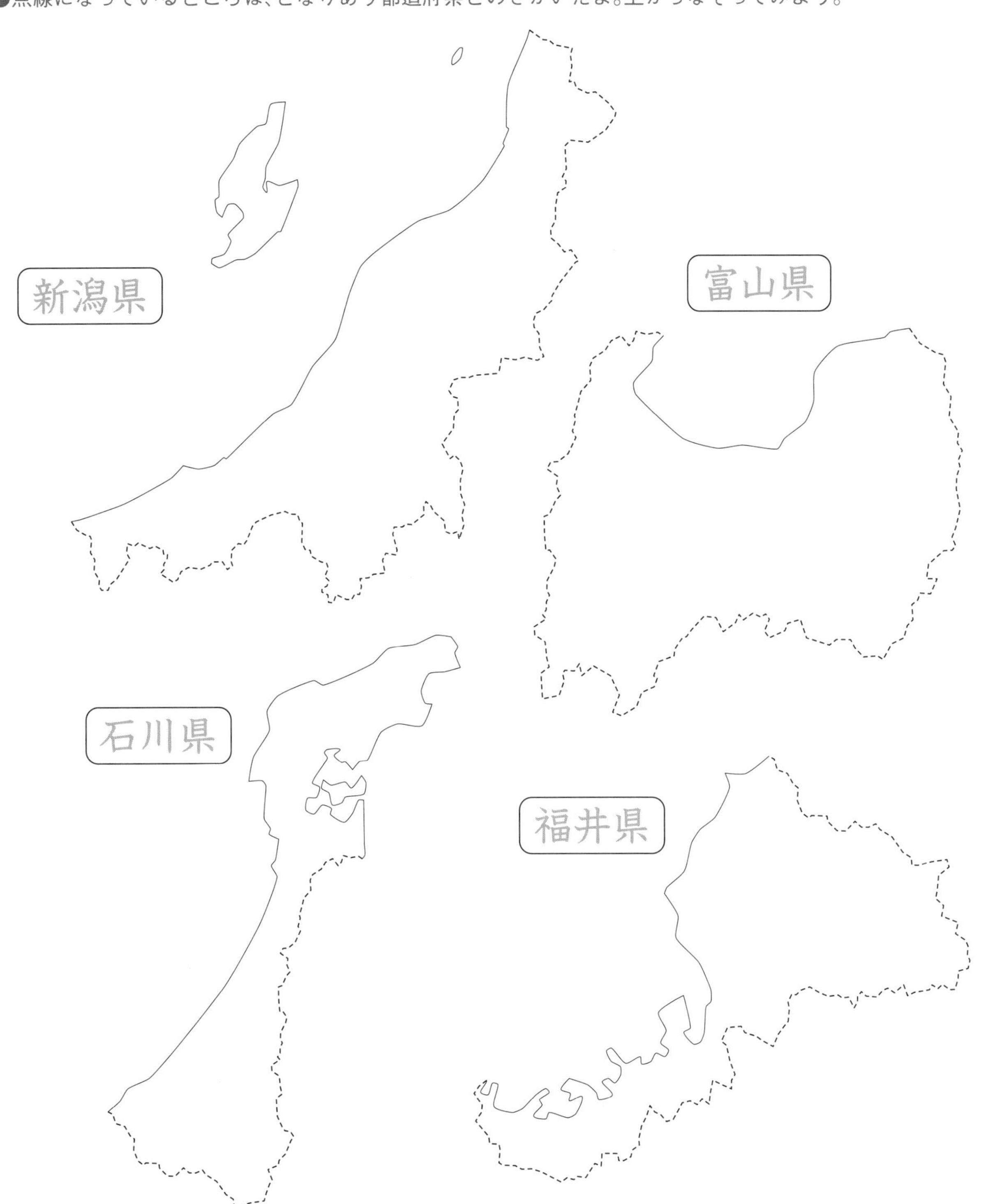

※地図の縮尺は同じではありません。

●勉強した日　　月　　日

7 みんなのまち⑥
山梨県・長野県・岐阜県

使い方のヒント
次の都道府県を地図帳で調べてみよう。知っているたて物や山・川などがあれば、地図に書きこもうね。

●都道府県名をなぞってみよう。
●点線になっているところは、となりあう都道府県とのさかいだよ。上からなぞってみよう。

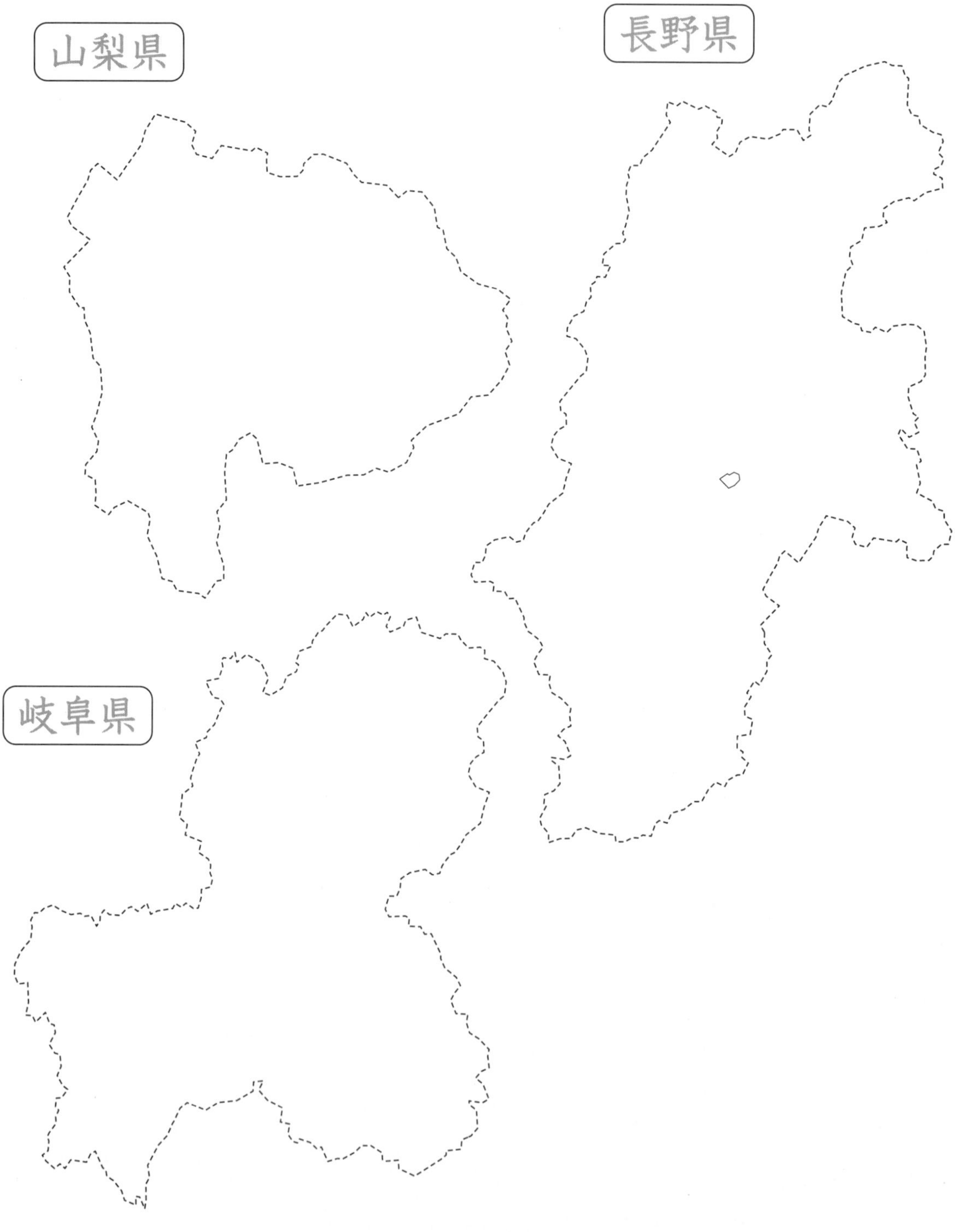

山梨県

長野県

岐阜県

※地図の縮尺は同じではありません。

●勉強した日　　月　　日

8 みんなのまち⑦

静岡県・愛知県・三重県

使い方のヒント
次の都道府県を地図帳で調べてみよう。知っているたて物や山・川などがあれば、地図に書きこもうね。

●都道府県名をなぞってみよう。
●点線になっているところは、となりあう都道府県とのさかいだよ。上からなぞってみよう。

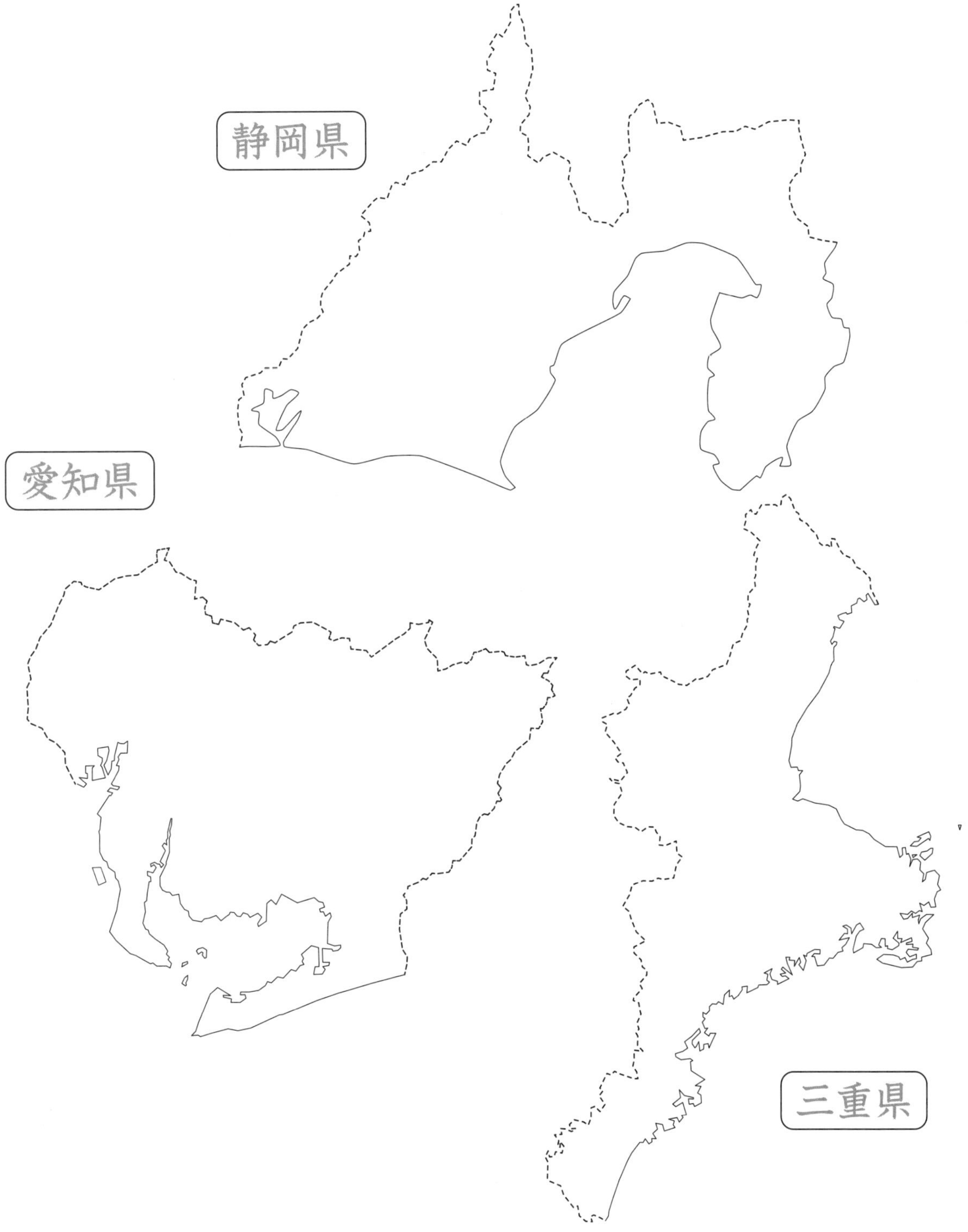

静岡県

愛知県

三重県

※地図の縮尺は同じではありません。

●勉強した日　　月　　日

9 みんなのまち⑧ 滋賀県・京都府・大阪府・兵庫県

使い方のヒント
次の都道府県を地図帳で調べてみよう。知っているたて物や山・川などがあれば、地図に書きこもうね。

●都道府県名をなぞってみよう。
●点線になっているところは、となりあう都道府県とのさかいだよ。上からなぞってみよう。

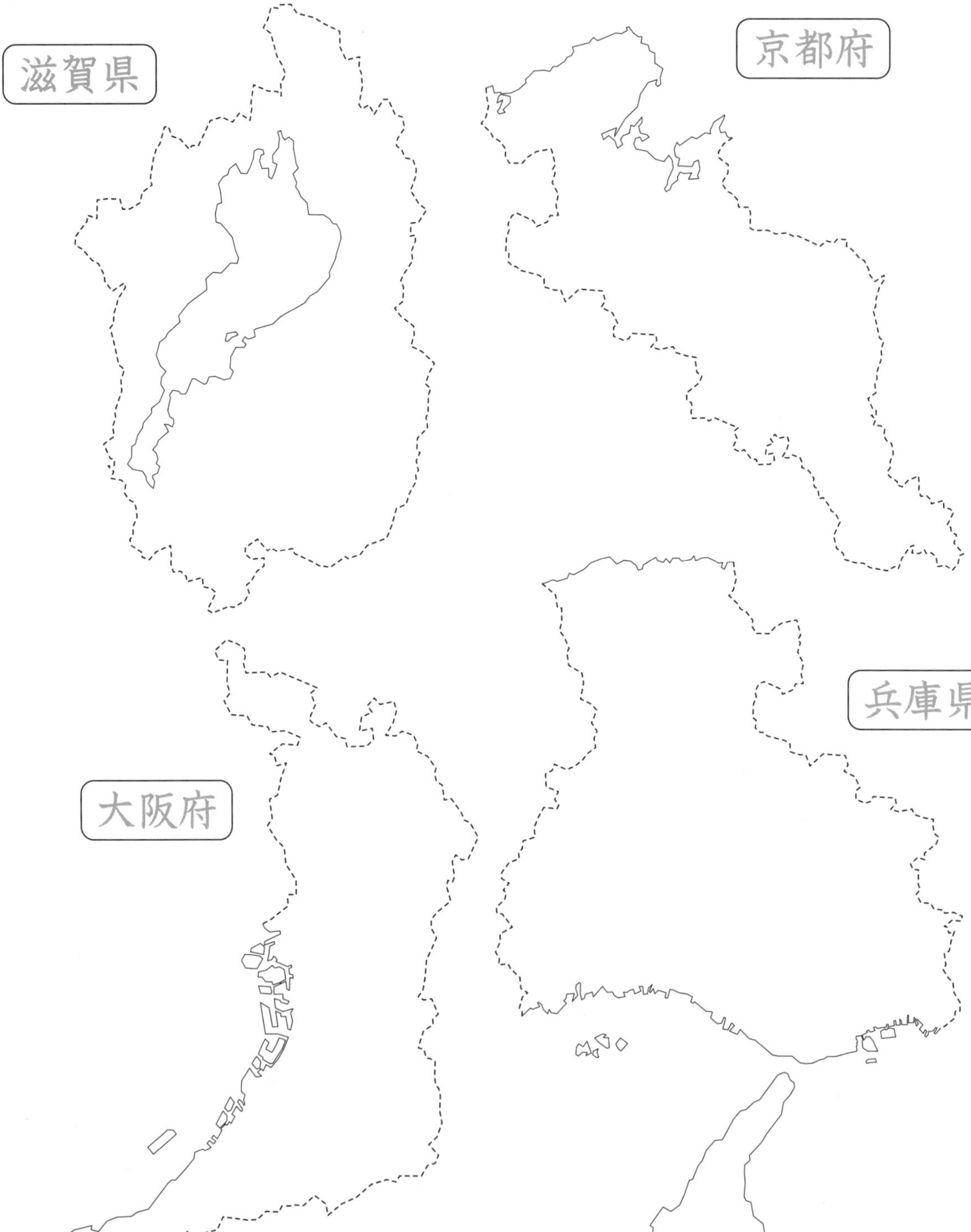

滋賀県

京都府

兵庫県

大阪府

※地図の縮尺は同じではありません。

●勉強(べんきょう)した日　　月　　日

10 みんなのまち⑨
奈良県(ならけん)・和歌山県(わかやまけん)・鳥取県(とっとりけん)・島根県(しまねけん)

使い方のヒント
次の都道府県(とどうふけん)を地図帳(ちずちょう)で調べてみよう。
知っているたて物(もの)や山・川などがあれば、
地図に書きこもうね。

●都道府県名をなぞってみよう。
●点線になっているところは、となりあう都道府県とのさかいだよ。上からなぞってみよう。

奈良県

和歌山県

鳥取県

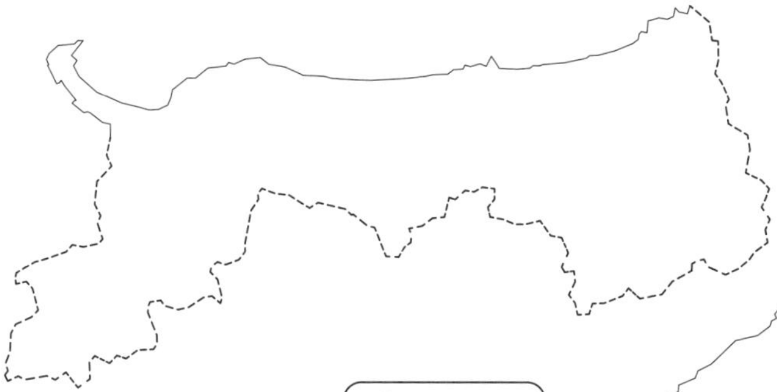

島根県

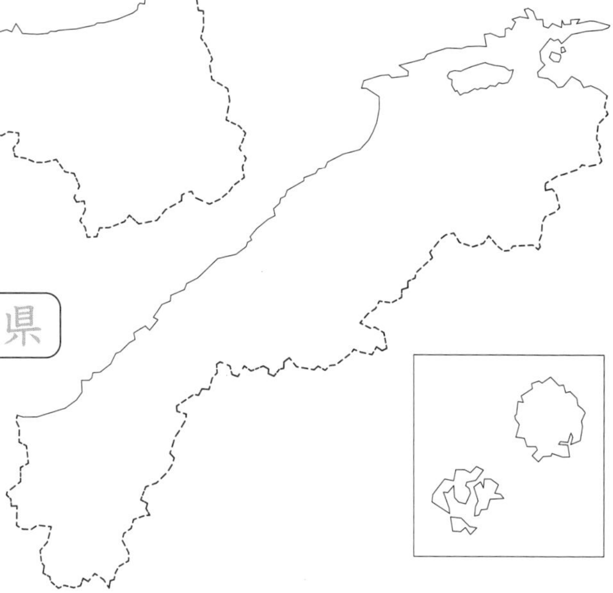

※地図の縮尺(しゅくしゃく)は同じではありません。

●勉強した日　月　日

11 みんなのまち⑩
岡山県・広島県・山口県

使い方のヒント
次の都道府県を地図帳で調べてみよう。知っているたて物や山・川などがあれば、地図に書きこもうね。

●都道府県名をなぞってみよう。
●点線になっているところは、となりあう都道府県とのさかいだよ。上からなぞってみよう。

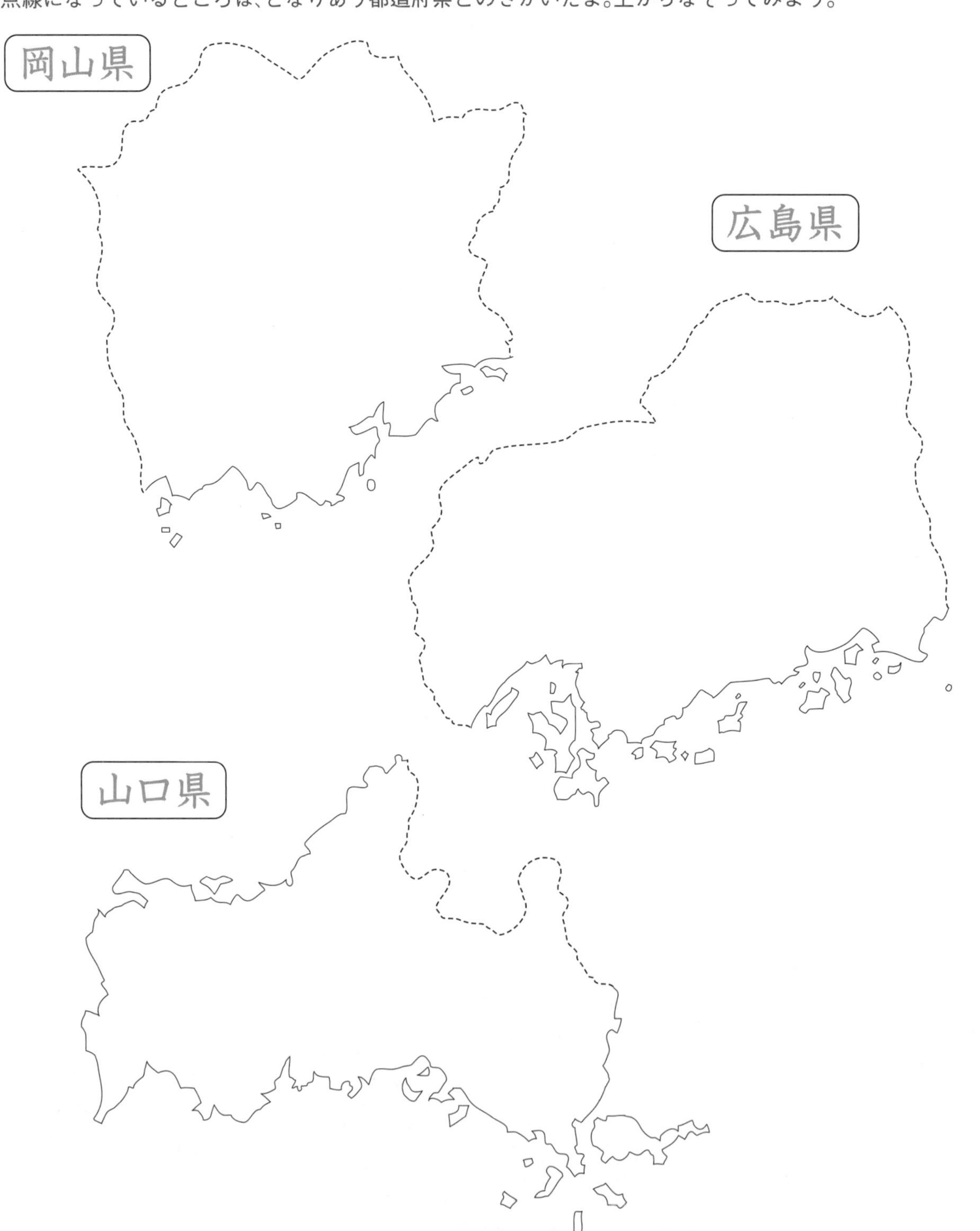

※地図の縮尺は同じではありません。

●勉強した日　　月　　日

12 みんなのまち⑪

徳島県・香川県・愛媛県・高知県

使い方のヒント

次の都道府県を地図帳で調べてみよう。知っているたて物や山・川などがあれば、地図に書きこもうね。

●都道府県名をなぞってみよう。
●点線になっているところは、となりあう都道府県とのさかいだよ。上からなぞってみよう。

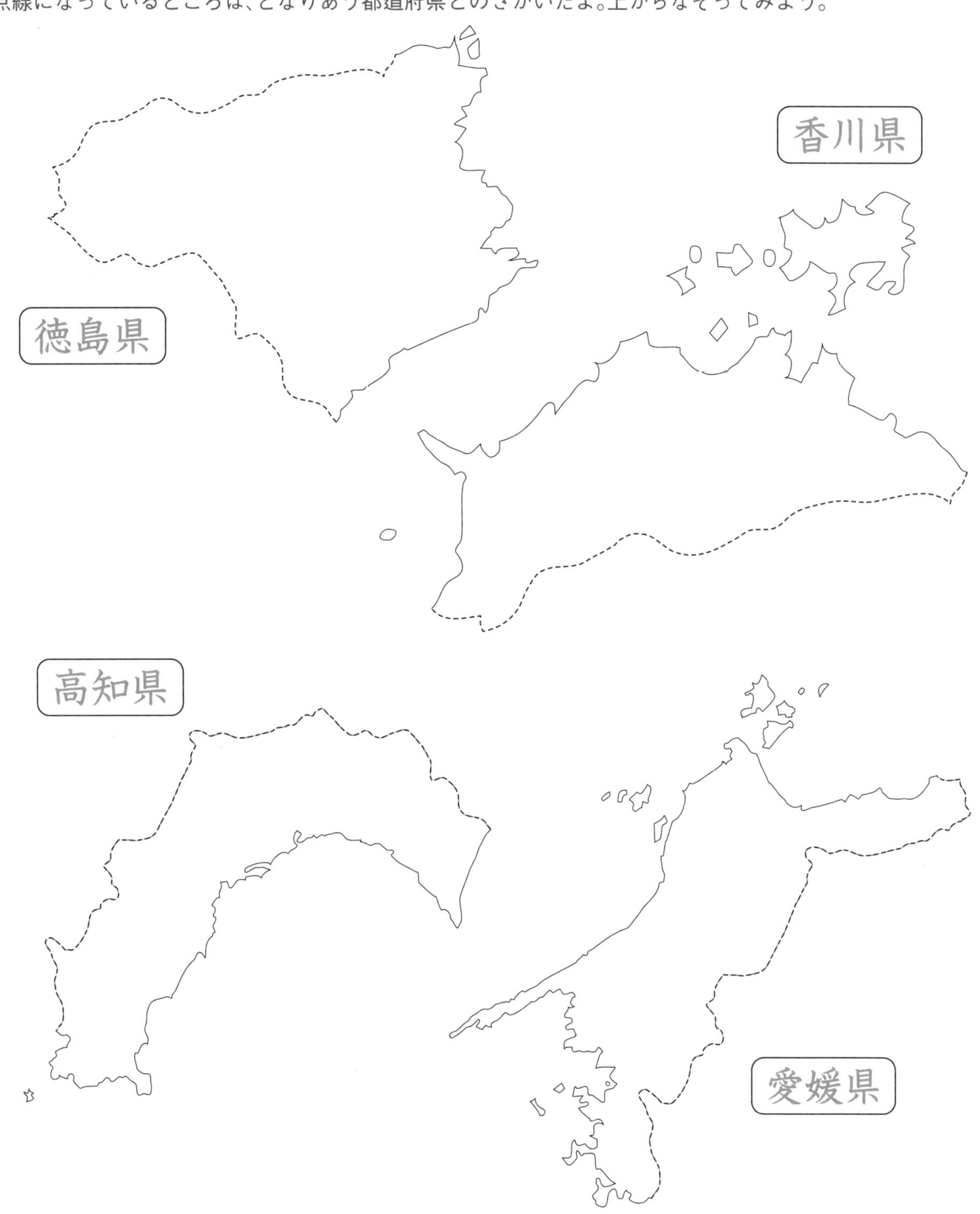

※地図の縮尺は同じではありません。

●勉強した日　　月　　日

13 みんなのまち⑫
福岡県・佐賀県・長崎県・熊本県

使い方のヒント
次の都道府県を地図帳で調べてみよう。知っているたて物や山・川などがあれば、地図に書きこもうね。

●都道府県名をなぞってみよう。
●点線になっているところは、となりあう都道府県とのさかいだよ。上からなぞってみよう。

福岡県

佐賀県

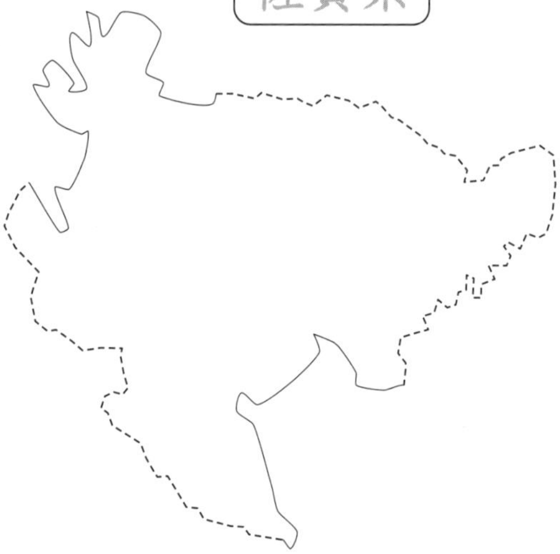

熊本県

長崎県

※地図の縮尺は同じではありません。

●勉強した日　　月　　日

14 みんなのまち⑬

大分県・宮崎県・鹿児島県・沖縄県

使い方のヒント
次の都道府県を地図帳で調べてみよう。
知っているたて物や山・川などがあれば、
地図に書きこもうね。

●都道府県名をなぞってみよう。
●点線になっているところは、となりあう都道府県とのさかいだよ。上からなぞってみよう。

大分県

宮崎県

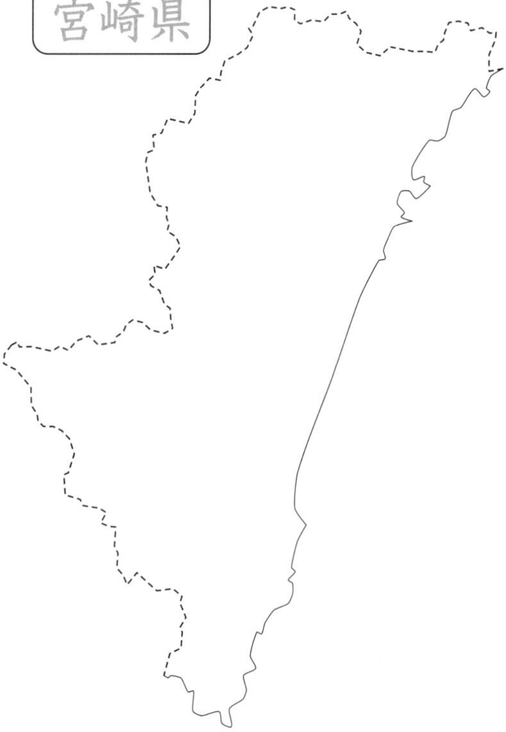

鹿児島県

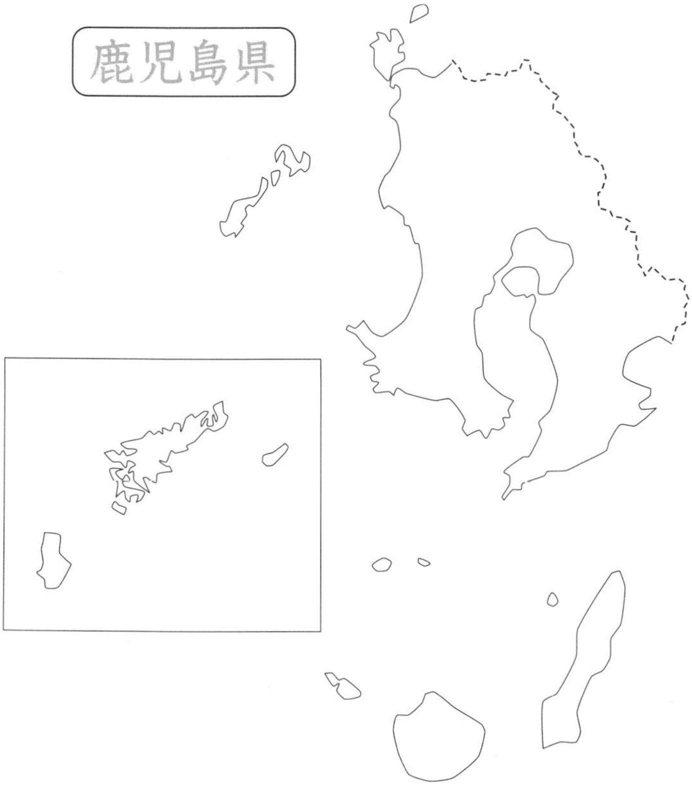

沖縄県

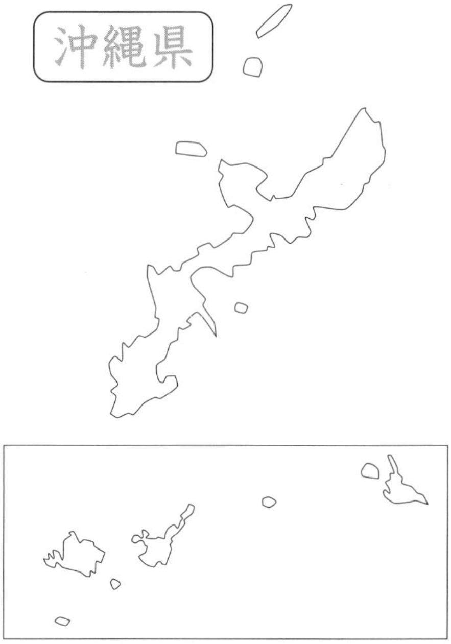

※図の縮尺は同じではありません。

●勉強(べんきょう)した日　　月　　日

15 日本地図

使い方のヒント

キミの住んでいる都道府県(とどうふけん)、行ったことのある都道府県、これから行ってみたい都道府県などを色でぬり分けてみよう。

●色分けのルールをかこう。

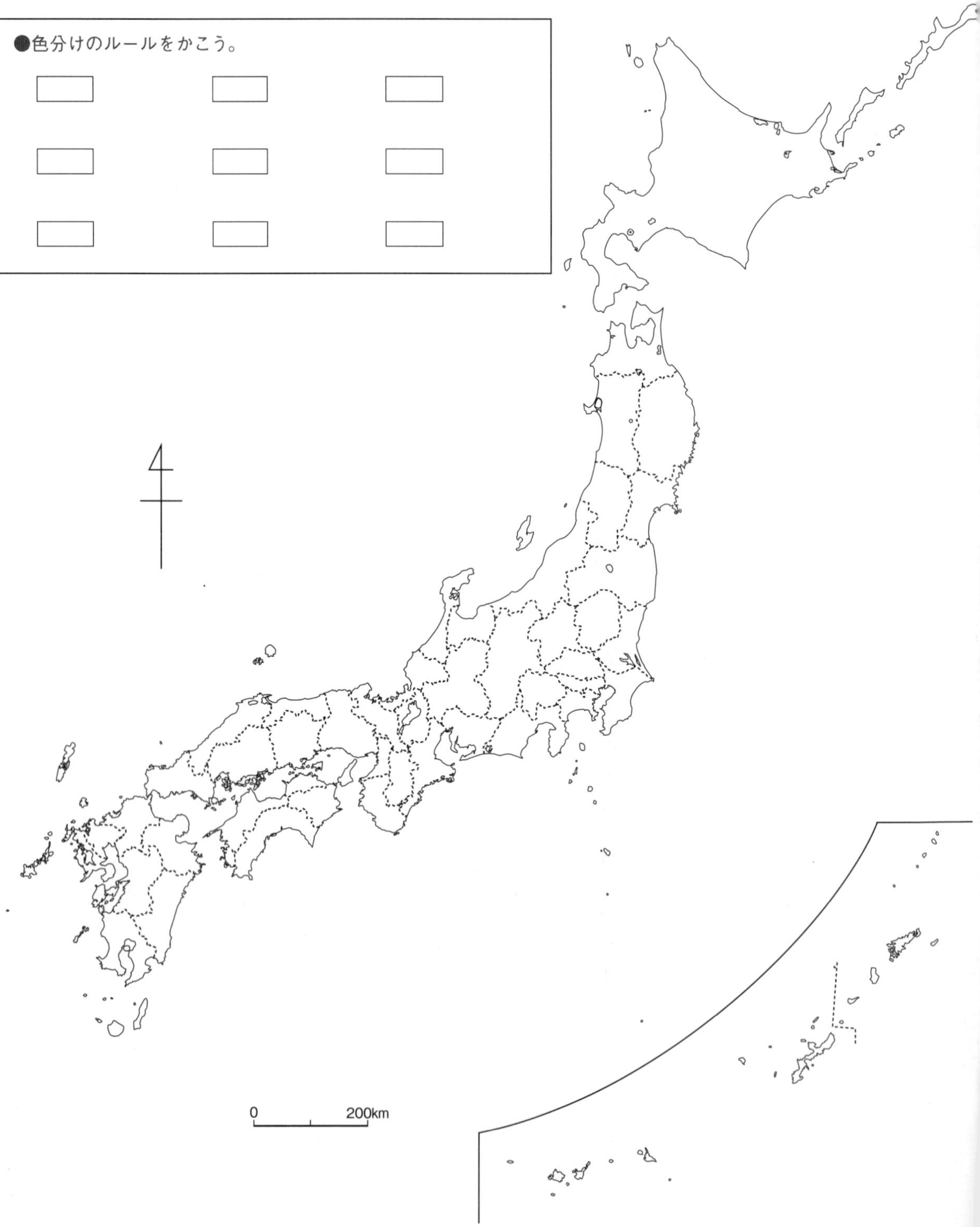

0　200km

※地図の縮尺(しゅくしゃく)は同じではありませ

わくわくシール

★１日の学習がおわったら、チャレンジシールをはろう。
★実力はんていテストがおわったら、まんてんシールをはろう。

チャレンジ シール

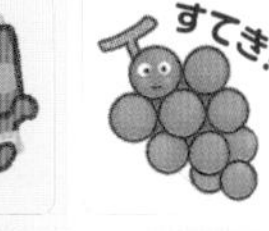

わくわくポスター　社会 3年

安全マップをつくろう

教科書ワーク

まわりにこんなところはないかな？

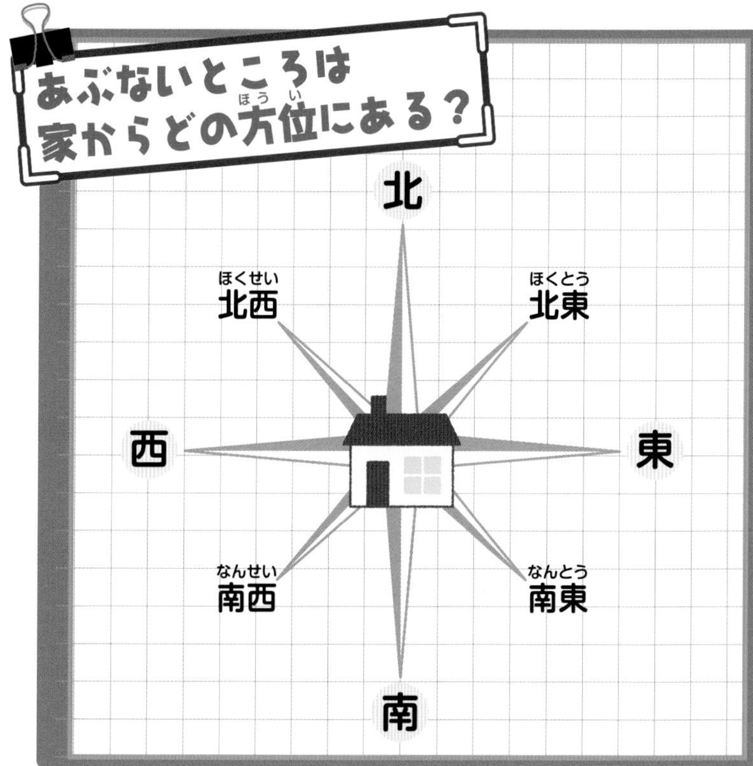

! 入りやすい

どんな人がいるかわからない。

! 見えにくい

なにが起きているのか、外からわからない。

子ども110番の家や店

安全　こまったときに助けてもらえる

北海道札幌市

神奈川県

東京都

京都府

あぶないときは電話で通ほうしよう

● 火事や救急のとき
119（消ぼう）

● 事件や事故のとき
110（けいさつ）

落ち着いてつたえよう

通ほうメモ

住所	名前
目じるし	電話番号

社会 3年

くらしのうつりかわりをさがそう

教科書ワーク

まちのうつりかわり

じぶんの住んでいるまちのうつりかわりも調べてみよう！

大阪府大阪市（新大阪駅）

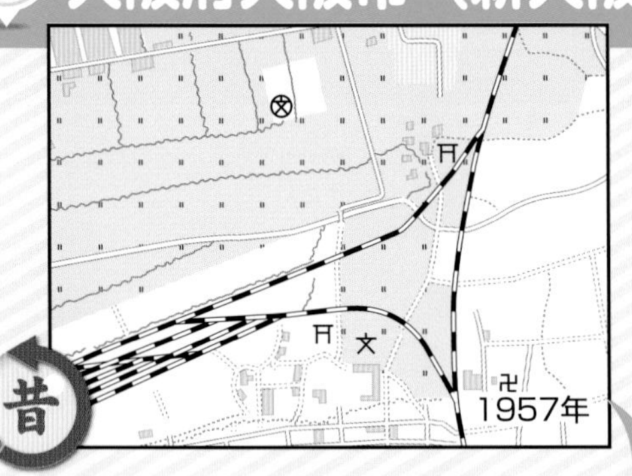

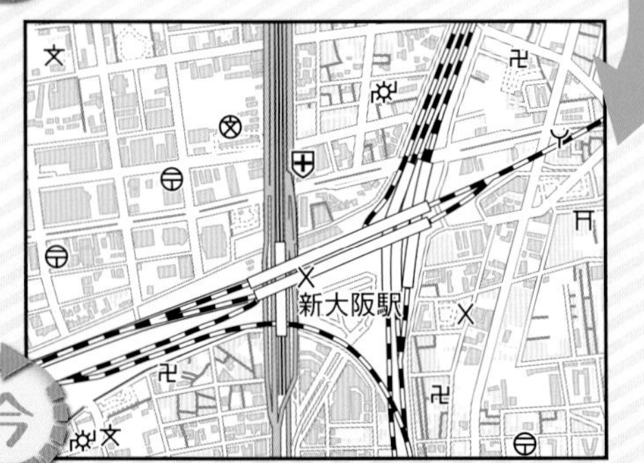

田のあったところに新かん線の駅ができたんだね。

新潟県新潟市（新潟駅）

昔の駅のたて物はようすがちがうね。

愛媛県松山市（大街道商店街）

大きな屋根ができているよ。

東京都新宿区（新宿通り）

道の真ん中に電車が通ってるね。

時期の区分（時代）

江戸時代	明治時代	大正時代	昭和時代	平成時代	令和時代
	150年くらい前～	110年くらい前～	90年くらい前～	30年くらい前～	今

教科書ワーク

わくわく地図記号カード

アプリにも対応！

何の地図記号かな？

漢字の「文」の文字をもとにしてできた記号だよ。○でかこむと高校の記号になるよ。

❶

何の地図記号かな？

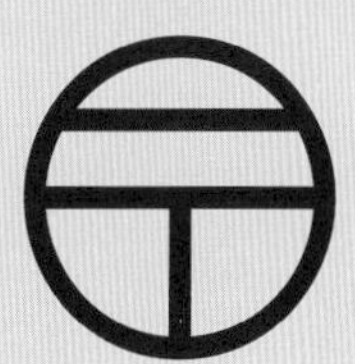

昔、ゆうびんの仕事をしていた役所、「逓信省」の頭文字「テ」からできたんだ。

❷

何の地図記号かな？

けいさつ官のもつ「けいぼう」を２本くみあわせた形だよ。○でかこむと「けいさつしょ」の記号になるよ。

❸

何の地図記号かな？

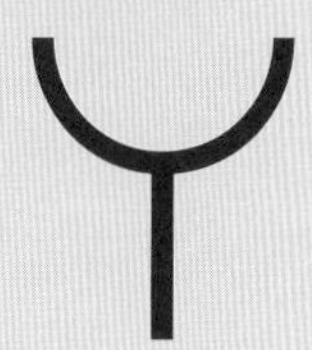

昔、火事を消すときに使っていた「さすまた」という道具の形からできたんだよ。

❹

何の地図記号かな？

100年以上前からある古い記号。東京都の区役所も表すよ。一重の○だと「町村役場」の記号になるよ。

❺

何の地図記号かな？

昔のぐんたいで、けがや病気の人を助ける「えいせいたい」の記号をもとにしてできたんだ。

❻

何の地図記号かな？

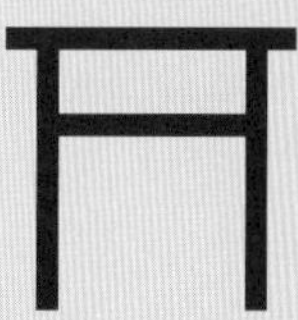

入口にたっている「とりい」の形からできたんだ。身近な「とりい」をさがしてみよう！

❼

何の地図記号かな？

仏教でおめでたいことを表す「まんじ」という記号の形からできたんだ。昔からある場所に多いかも！

❽

何の地図記号かな？

線路とホームを表す記号だよ。▭の長さはホームの長さになっているんだって！

❾

何の地図記号かな？

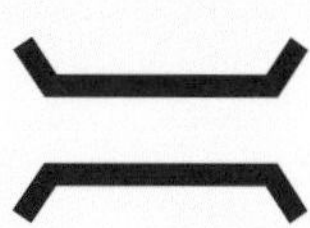

道と区別するために、両はしが開いた形になっているんだ。川をわたるときにあるとべんりだよね。

❿

何の地図記号かな？

「歯車」と「電気の線」がもとになっているんだよ。同じ記号で「変電所」も表すんだ。

⓫

病院

地図からさがそう

6

神社

地図からさがそう

7

寺

地図からさがそう

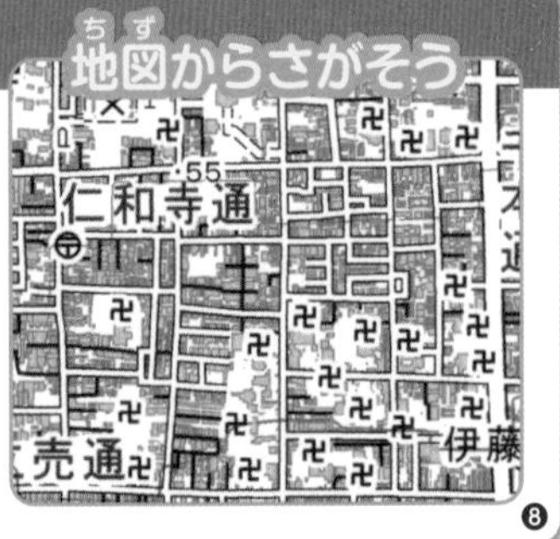

8

駅と鉄道

地図からさがそう

9

橋

地図からさがそう

10

発電所

地図からさがそう

11

使い方

●きりとり線にそって切りはなしましょう。
●表面を見て何の地図記号か、うら面を見てどんな地図記号か考えてみましょう。
●写真は地図の場所のものではありません。地図は本物より大きくしています。

学校（小学校・中学校）

地図からさがそう

ゆうびん局

地図からさがそう

交番

地図からさがそう

消ぼうしょ

地図からさがそう

市役所

地図からさがそう

何の地図記号かな？

東京国立博物館の入口の形からできたんだって。めずらしいものがあるよね。「美術館」も同じ記号だよ。

⑫

何の地図記号かな？

開いた本の形からできた記号だよ。本がたくさんある場所といえばもちろんここだね！

⑬

何の地図記号かな？

お年よりがつくつえと、たて物の形を表しているよ。小学生がデザインしたんだって！

⑭

何の地図記号かな？

湯つぼと湯けむりの形からできた記号だよ。あたたかくて、きもちいいよね。

⑮

何の地図記号かな？

風力発電に使うしせつの形からできた記号だよ。まちのなかにもあるか探してみよう。

⑯

何の地図記号かな？

船の「いかり」の形からできたよ。にもつをつんだ船が行きかうところだよ。

⑰

何の地図記号かな？

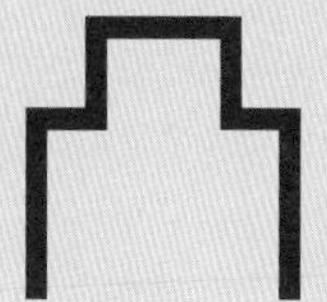

城をたてるときの「なわばり」の形なんだって。たて物がのこっているところもあるよね。

⑱

何の地図記号かな？

「いね」をかりとったあとの形からできた記号だよ。秋になると、いっぱい米がとれるところだよ。

⑲

何の地図記号かな？

植物の二枚の葉の形からできた記号だよ。季節ごとの作物がとれるよね。

⑳

何の地図記号かな？

「りんご」や「なし」などの実を横から見た形からできた記号だよ。ほかのくだものでも同じ記号だよ。

㉑

何の地図記号かな？

「お茶の実」を半分に切ったときの形からできた記号なんだ。

㉒

何の地図記号かな？

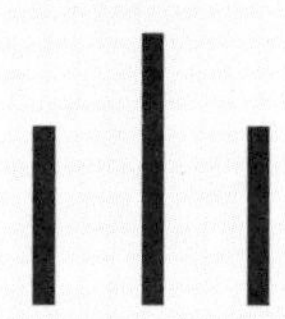

「ざっ草」が生えているようすからできた記号だよ。

㉓

城あと
地図からさがそう
文化会館
駿府城公園
24
駿府町
18
はくぶつ館
地図からさがそう
西本願寺
札幌管区気象
田
地図からさがそう
上
高松
西大谷
19
図書館
地図からさがそう
畑
地図からさがそう
15
20
老人ホーム
地図からさがそう
山西町
98
円山西町
三
六
258
かじゅ園
地図からさがそう
190
中村
丸山
21
温泉
地図からさがそう
大悲閣
250
茶畑
地図からさがそう
静岡英和学院大
静岡英和短大
国吉田
22
風車
地図からさがそう
あれ地
地図からさがそう
鎧水
二
23
港
地図からさがそう
尼崎西宮芦屋港

教育出版版 社会3年

動画 コードを読みとって、下の番号の動画を見てみよう。

写真提供：アフロ、Cynet Photo、PIXTA、毎日新聞社、村多正、読売新聞（敬称略　五十音順）

勉強した日　月　日

1　まちの様子①

もくひょう
まちの様子についての調べ方をまとめよう。

おわったらシールをはろう

きほんのワーク

教科書 10～15ページ　答え 1ページ

1 自分の家やよく行く場所はどこにあるの

（　　）にあてはまる言葉を□から書きましょう。

● 自分の①（　　　　）の場所やよく行く場所をしょうかいする。

● それぞれの場所がどこにあるのか、②（　　　　）所に上ってたしかめる。

高い　家　ひくい

2 自分の家やよく行く場所をさがそう

（　　）にあてはまる言葉を□から書きましょう。

よみトク！しりょう　四方位

● しょうかいしたい場所を表すときは、**東西南北**の③（　　　　）を使うようにする。

● **四方位**は北から時計回りに④（　　　　）、⑤（　　　　）、⑥（　　　　）となる。

● 正しい方位を知りたいときには、⑦（　　　　）という道具を使う。この道具では、色のついたはりが⑧（　　　　）をさしている。

方位記号

北
西　東
南

方位じしん

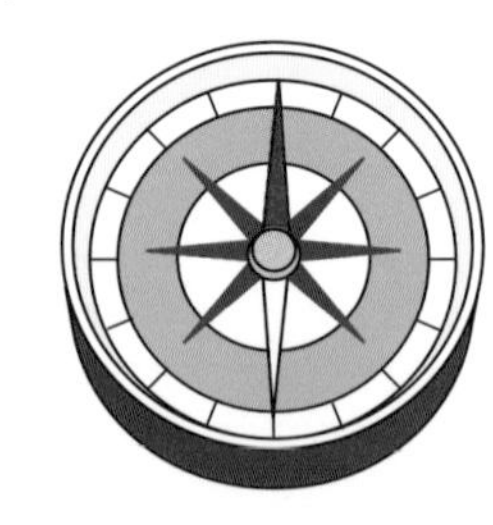

方位
東西南北のどの方向かをしめすもの。方位記号が使われる。

東　西　南　北　四方位　方位じしん

3 学習問題をつくり、学習の見通しを立てよう

（　　）にあてはまる言葉を□から書きましょう。

● まちたんけんをしながら、高い所やひくい所などの⑨（　　　　）の様子や、みんながりようするしせつ、古いたてものの様子、鉄道や道路などの⑩（　　　　）の様子を調べていく。

土地　生活　交通

しゃかいか工場　方位じしんがなくても、時こくとかげの向きで、だいたいの方位がわかるよ。太陽は東からのぼって西にしずみ、かげはその反対がわにできるんだ。

練習のワーク

できた数　／10問中

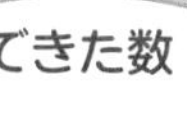

おわったら シールを はろう

教科書 10〜15ページ　答え 1ページ

1 自分の家やよく行く場所をしょうかいするときに注意することとして、正しいものには○を、あやまっているものには×を書きましょう。

①（　　　）あまり行ったことはないが、これから行ってみたいと思っている所を中心にしょうかいする。

②（　　　）学校のまわりにある場所は、みんながよく知っているのでしょうかいしなくてよい。

③（　　　）しょうかいしたい場所をさがすときには、学校の屋上のような高い所からまちを見わたすようにする。

2 右の図は、学校の屋上からそれぞれの方位を調べたときの様子を表しています。図を見て、次の文の（　　）にあてはまる方位を四方位で書きましょう。

① 学校の（　　　　　）には、駅がある。

② 学校の（　　　　　）には、田が広がっている。

③ 市役所は、学校から見て、（　　　　　）の方位にある。

④ 公園は、学校から見て、（　　　　　）の方位にある。

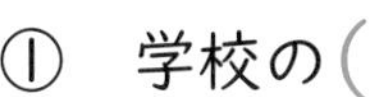

3 次の問題を知りたいときに調べる内ようを、それぞれ線でむすびましょう。

① 土地の様子　・

② たてものの様子　・

③ 交通の様子　・

・ ㋐鉄道や道路は、どのように通っているか。

・ ㋑高い所やひくい所には何があるか。

・ ㋒みんながりようするしせつや古くからのこるたてものは、どこにあるか。

ポイント 方位じしんの色のついた方が北をさす。

勉強した日　月　日

1　まちの様子②

きほんのワーク

もくひょう　まちたんけんをして気づいたことをまとめよう。

おわったらシールをはろう

教科書 16〜21ページ　答え 1ページ

1 駅のまわりコースをたんけん

（　）にあてはまる言葉を□から書きましょう。

よみトク！地図　絵地図

中山駅　地下鉄中山駅　地区センター　交番　商店街　おかの上に神社があった。学校が見えた。　わたしたちの学校　区役所　消防しょ　ゆうびん局　0　200m

●学校を出て、おかの上にある①（　　　　）にたちよった。そこから駅に向かい、商店街の近くにある②（　　　　）、次に③（　　　　）をたずねた。その後、④（　　　　）をたずねたあと、**交番**の前を通り、駅の向こうがわにある⑤（　　　　）をたずね、学校へもどった。

●**区役所**や**消防しょ**などのみんながりようできるたてものや場所のことを⑥（　　　　）という。

区役所　神社　消防しょ　ゆうびん局　公共しせつ　地区センター

2 土地の高い所とひくい所コースをたんけん／まちの様子を表にまとめよう

（　）にあてはまる言葉を□から書きましょう。

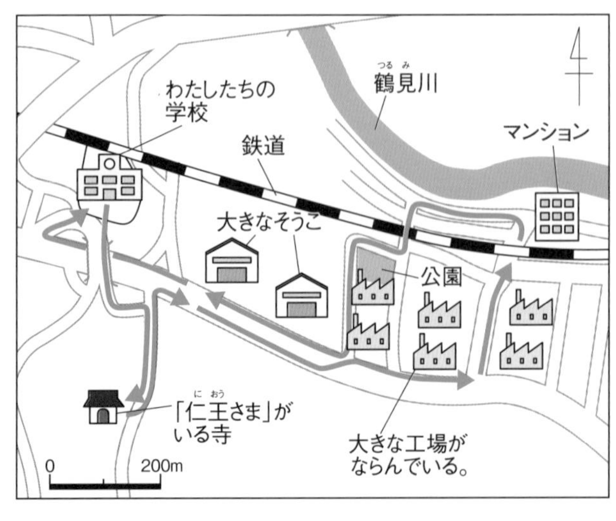

●**土地の様子**…急な⑦（　　　　）が多く、土地にでこぼこがある。

●**交通の様子**…広い⑧（　　　　）が東西に通っていて、それにそって大きな⑨（　　　　）や大きなそうこがある。

坂　川　道路　工場

しゃかいか工場　工場には、製品や、ざいりょうを運ぶためのトラックがたくさん出入りするよ。そのため、工場は広い道路の近くにたてられるんだね。

勉強した日　　月　　日

練習のワーク

教科書　16〜21ページ　答え　1ページ

できた数　／10問中

おわったらシールをはろう

1 次の写真を見て、公共しせつには○を、そうでないものには×を書きましょう。

①(　　) ②(　　) ③(　　) ④(　　)

2 駅のまわりコースの絵地図を見て、たんけんでわかったこととして、正しいものには○を、あやまっているものには×を書きましょう。

①(　　)中山駅のまわりには、公共しせつが見られない。

②(　　)商店街は中山駅からはなれた所にある。

③(　　)学校よりも神社のほうが、中山駅に近い所にある。

④(　　)地区センターは、区役所と線路をはさんで反対がわにある。

3 次の①・②のカードは、右の絵地図の㋐〜㋓のどこにありますか。

①学校の南にある、500年以上前につくられたたてものだよ。

②広い道路ぞいにあって、トラックが出入りしているよ。

①(　　) ②(　　)

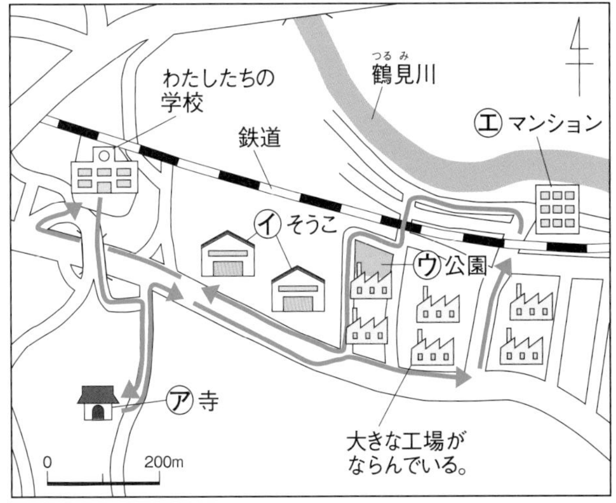

ポイント　公共しせつは、みんながりようできるたてもの。

勉強した日　　月　　日

まとめのテスト

1　まちの様子

教科書　10〜21ページ　　答え　1〜2ページ

1 人にしょうかいしたい場所　**次の４人のしょうかい文の――線部は、㋐土地の様子、㋑たてものの様子、㋒交通の様子のどれにあたりますか。**　1つ5点〔20点〕

①（　　　）

北の方は土地が高く、みかん畑が広がっています。

②（　　　）

学校から駅に向かうまでの間に、寺が３つあります。

③（　　　）

東の方は、鉄道が通っていて、車もたくさん走っています。

④（　　　）

駅の近くには地区センターがあり、多くの人がりようしています。

2 場所の表し方　**次の図を見て、あとの問いに答えましょう。**　1つ5点〔30点〕

図１

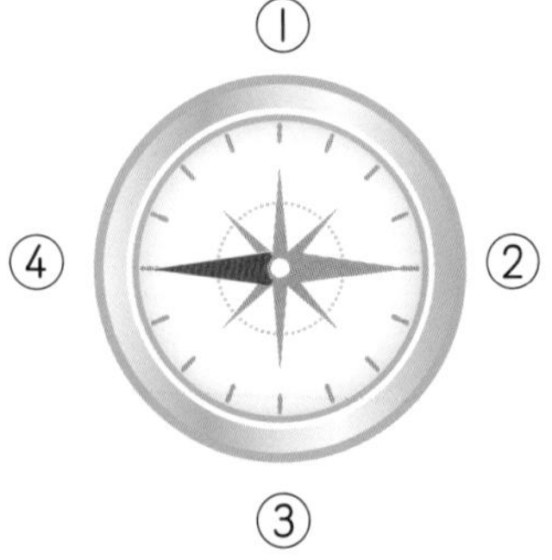

図２

(1)　**図１**で表されている方位を正しく知るための道具を、何といいますか。

（　　　　　　）

よく出る

(2)　**図１**の場合、①〜④はそれぞれどの方位ですか。

①（　　　　　）　②（　　　　　）

③（　　　　　）　④（　　　　　）

チャレンジ!

(3)　**図２**のように両うでを開いて北を向いて立ったとき、右手はどの方位をさしていますか。

（　　　　　　）

3 まちの様子　次の絵地図を見て、あとの問いに答えましょう。　1つ5点〔50点〕

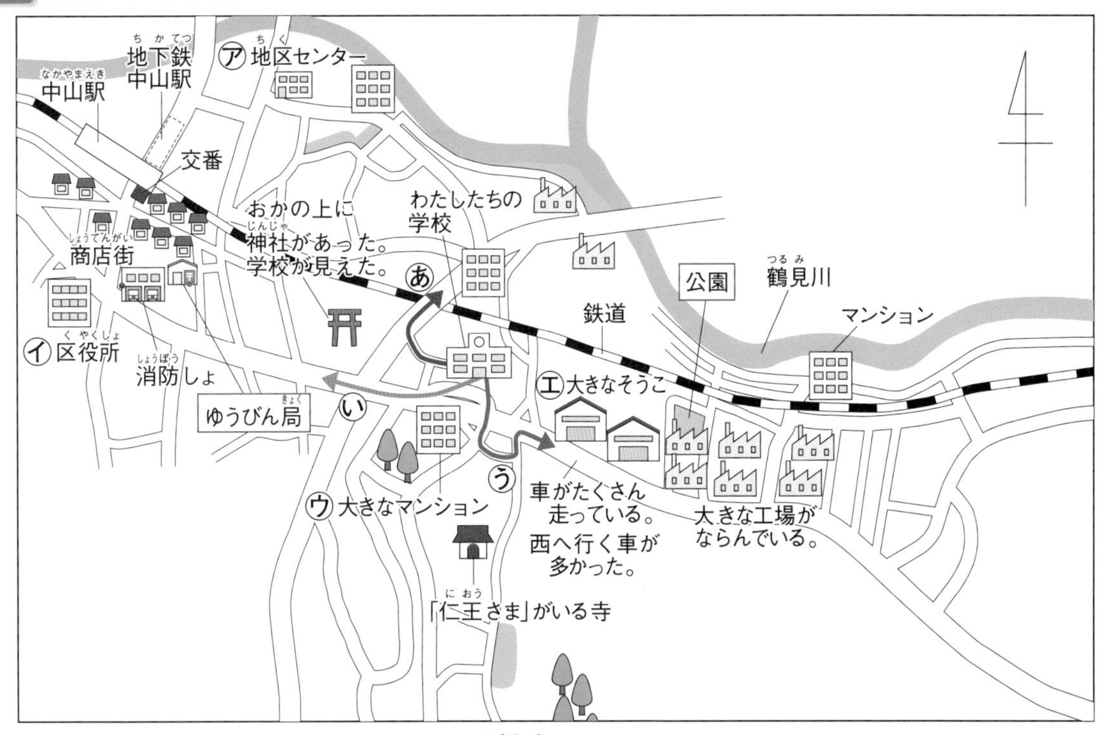

(1) **絵地図**中の㋐～㋓のうち、公共しせつを２つえらびましょう。

（　　）（　　）

(2) 学校から見て、右の①・②のたてものは、どの方位にありますか。四方位で書きましょう。

①（　　　　）
②（　　　　）

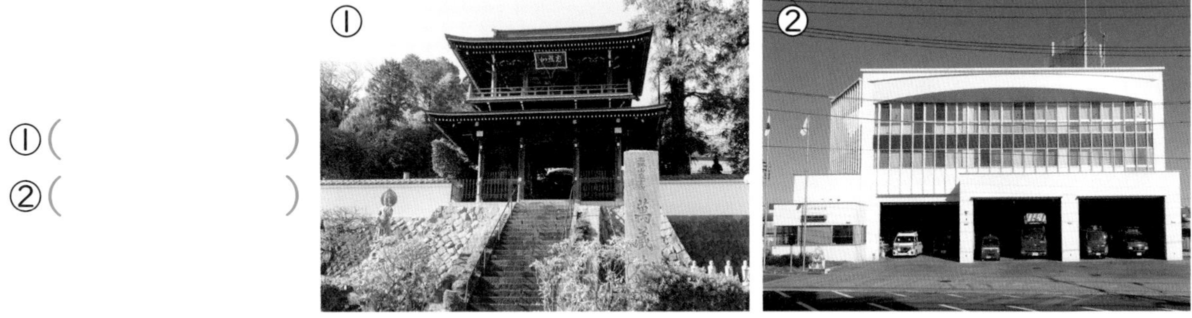

(3) **絵地図**から読み取れることとして、正しいものには○を、あやまっているものには×を書きましょう。

①（　　　）広い道路にそって、大きなそうこや工場がならんでいる。
②（　　　）鶴見川は、鉄道の南がわを流れている。
③（　　　）神社は、学校から工場へ向かうまでのとちゅうにある。
④（　　　）鉄道は、東西に通っている。

思考 (4) **絵地図**中の学校から□でかこんだ①ゆうびん局と②公園まで、いちばん近いコースで行くには、あ～うのどの道順で進めばよいですか。

①（　　　）②（　　　）

2 市の様子①

きほんのワーク

勉強した日 月 日

もくひょう
市の様子についての調べ方をまとめよう。

おわったら シールを はろう

教科書 22〜27ページ　答え 2ページ

1 わたしたちの市はどこにあるの

（　）にあてはまる言葉を□から書きましょう。

●右の写真を見ると、市内には、学校のまわりと同じ様子の所や、①(　　　　)様子の所があることがわかる。

●市の全体はとても②(　　　　)ので、地いき全体がわかる地図でたしかめる。

広い　ちがう　せまい

市内を上空からさつえいした写真

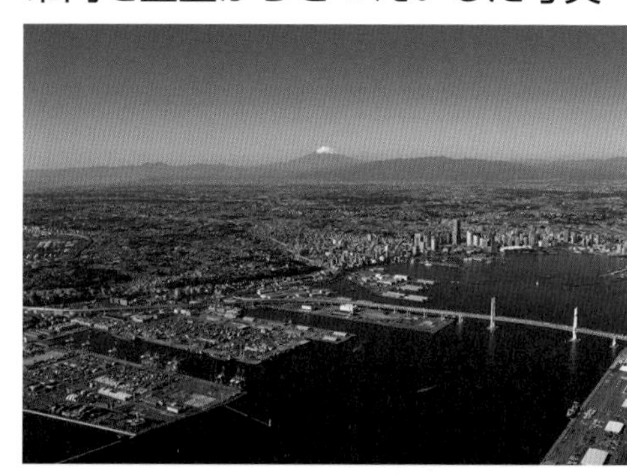

2 県や市の地図をながめて

（　）にあてはまる言葉を□から書きましょう。

よみトク！しりょう　八方位

●右の図の八つの方位を③(　　　　)という。

●北と東の間は④(　　　　)、
東と南の間は⑤(　　　　)、
南と西の間は⑥(　　　　)、
西と北の間は⑦(　　　　)となる。

「東北」「西南」など、ぎゃくに言わないようにしよう。

北　北西　北東　西　東　南西　南東　南

●市の広がりや全体の形については、⑧(　　　　)をつくってたしかめる。

南東　北西　南西　北東　白地図　八方位

3 学習問題をつくり、学習の見通しを立てよう

（　）にあてはまる言葉を□から書きましょう。

●市の様子が、場所によってどのようにちがうのか、⑨(　　　　)のまわりや、⑩(　　　　)の多い所、⑪(　　　　)に面した所などを調べていく。

市役所　海　緑

四方位や八方位よりも細かいものとして、十六方位があるよ。台風じょうほうを聞いていると、○○の「北北東」や、△△の「西南西」と言っているね。

練習のワーク

教科書　22～27ページ　答え　2ページ

1 右の県内の市町村の地図を見て、正しいものには○を、あやまっているものには×を書きましょう。

①（　　　）鎌倉市は、横浜市の南でとなり合っている。
②（　　　）川崎市は、横浜市の西にある。
③（　　　）東京都町田市は、横浜市の北西にある。
④（　　　）相模原市は海に面している。
⑤（　　　）藤沢市は、横浜市の南西でとなり合っている。

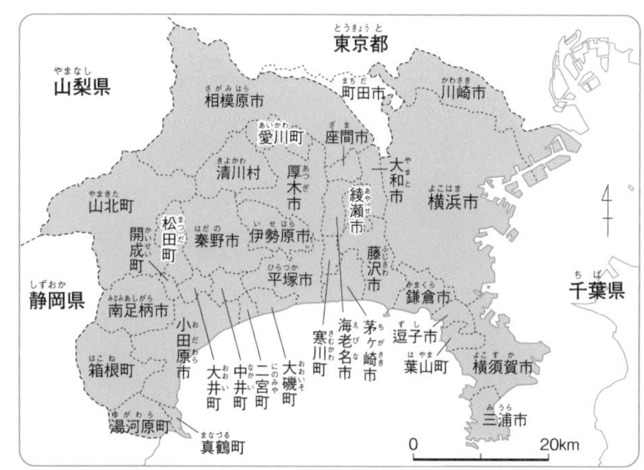

2 右の図を見て、次の問いに答えましょう。

(1) 図中の①～④の方位を何といいますか。

①（　　　　）②（　　　　）
③（　　　　）④（　　　　）

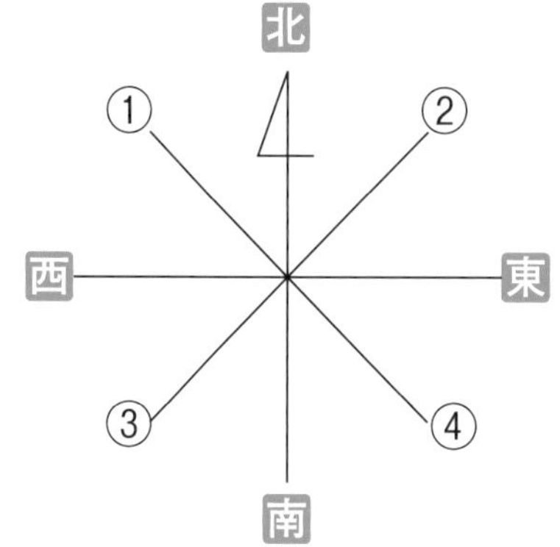

(2) 四方位と八方位をくらべたとき、より細かな方位を表しているのは、どちらですか。

（　　　　）

3 次の①～③にあう写真を、あとからそれぞれえらびましょう。

① 緑の多い所（　　　）　② 海に面した所（　　　）
③ 古いたてもの（　　　）

市の様子は、場所によってちがっている。

勉強した日　　月　　日

2　市の様子②

きほんのワーク

もくひょう
市役所や駅のまわりを調べて気づいたことをまとめよう。

おわったらシールをはろう

教科書 28～33ページ　答え 2ページ

1 市役所へ行って調べよう／市役所のまわり

（　　）にあてはまる言葉を　　から書きましょう。

●市役所ではインタビューをしたり、①（　　　　　）を調べることができる。

よみトク！地図　**市役所のまわり**

●このあたりは、②（　　　　　）地区とよばれている。

●◎の③（　　　　　）の近くには、🏛の④（　　　　　）や 文 や ⊗の⑤（　　　　　）など、**公共しせつ**がたくさんある。

学校　市役所　博物館
しりょう　みなとみらい

2 大きな駅のまわり

（　　）にあてはまる言葉を　　から書きましょう。

●**横浜駅**のまわりには、**鉄道**や⑥（　　　　　）が広がっている。

●鉄道は、⑦（　　　　　）本線や東急東横線、市営⑧（　　　　　）などがある。

●横浜駅のそばには、たくさんのバスがとまる⑨（　　　　　）がある。

●身近な駅とくらべると、1日に電車に乗る人の数は、横浜駅のほうが⑩（　　　　　）。

地下鉄　東海道　少ない　多い
高速道路　バスターミナル

しゃかいか工場　大きな駅は、鉄道やバスでいろいろな場所とつながっているから、りようする人が多いんだ。まわりにはたくさんの店も集まっているから、休みの日でもこみ合っているよ。

勉強した日　月　日

練習のワーク

教科書 28〜33ページ　答え 2ページ

できた数　／10問中

おわったらシールをはろう

1 次の写真で表されているたてものの地図記号を、右下の地図中からさがして書きましょう。

①　小・中学校

②　博物館

③　けいさつしょ

④　病院

⑤　ゆうびん局

⑥　神社

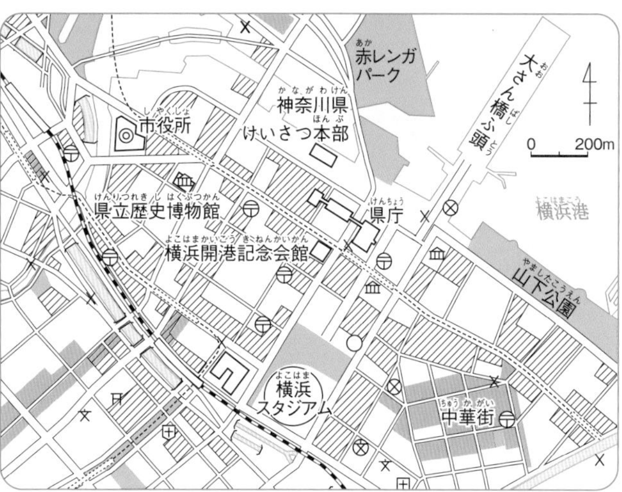

2 右の地図から読み取れることとして、正しいものには○を、あやまっているものには×を書きましょう。

①（　　）市内には地下鉄は通っていない。
②（　　）横浜駅の近くを高速道路が通っている。
③（　　）市内を通っている高速道路は、首都高速道路だけである。
④（　　）横浜駅は、いくつもの鉄道が通っている。

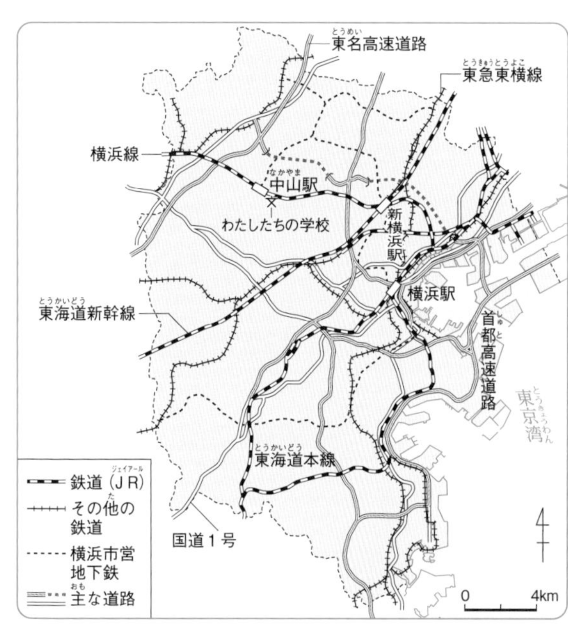

ポイント　市役所のまわりには公共しせつが集まっている。

勉強した日　月　日

2 市の様子③

きほんのワーク

もくひょう
市の様子について調べて気づいたことをまとめよう。

おわったらシールをはろう

教科書 34〜37ページ　答え 3ページ

1 海に面した所

（　）にあてはまる言葉を□から書きましょう。

よみトク！地図　鶴見川の河口のあたり

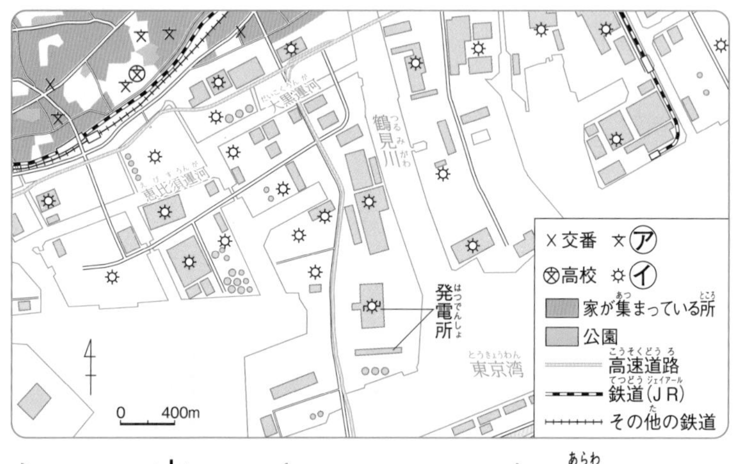

●鶴見川は①（　　　）湾に流れこんでいる。

●工場をつくるには、②（　　　）て平らな土地がひつようで、市では昔から海ぞいの場所で③（　　　）を行い、土地を広げてきた。

●アの 文 は④（　　　）、イの ☼ は⑤（　　　）を表している。

せまく　広く　東京
工場　小・中学校　うめ立て

2 緑の多い所

（　）にあてはまる言葉を□から書きましょう。

●緑の多い所は、市の西から⑥（　　　）の方で、各地に広がっている。

SDGs ●緑の多い所は、⑦（　　　）や動物園などにもりようされている。

SDGs ●市役所では、みんなの⑧（　　　）の場所になるように「市民の森」を決めている。

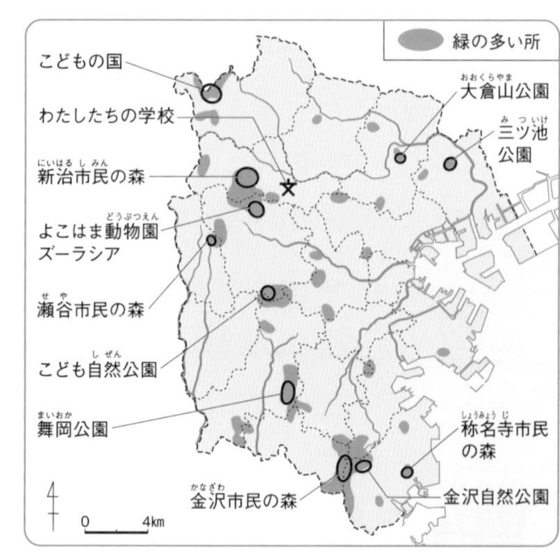

公園　いこい　近い　南

しゃかいか工場　うめ立て地は、よそから土を運んでつくられた人工の土地だよ。自然にできた土地ではないので、地図上では四角形や直線でできた形をしているんだ。

勉強した日　　月　　日

練習のワーク

教科書　34～37ページ　　答え　3ページ

1 海に面した所の様子について、右の地図を見て、次の問いに答えましょう。

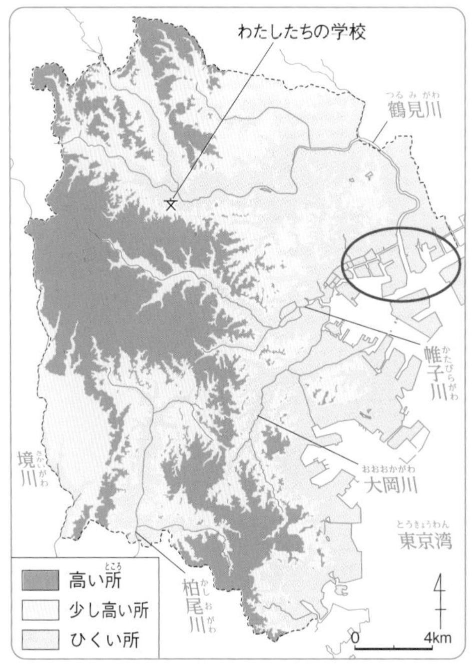

(1)　海に面した所の様子として、正しいものには○を、あやまっているものには×を書きましょう。

①(　　)東京湾に流れこんでいる川は、鶴見川だけである。

②(　　)海に面している土地は、ひくい土地が多い。

③(　　)海に面しているのは、市の西がわである。

④(　　)うめ立てた土地が多い。

(2)　**地図**中の〇の地いきには、☼の地図記号で表されるたてものが多く見られます。それは何ですか。　(　　　　)

(3)　工場をつくるには、どのような土地がひつようですか。次の文の{　　}にあてはまる言葉に○を書きましょう。

●広くて{ 高い所にある　平らな }土地。

2 右の地図から読み取れることとして、正しいものには○を、あやまっているものには×を書きましょう。

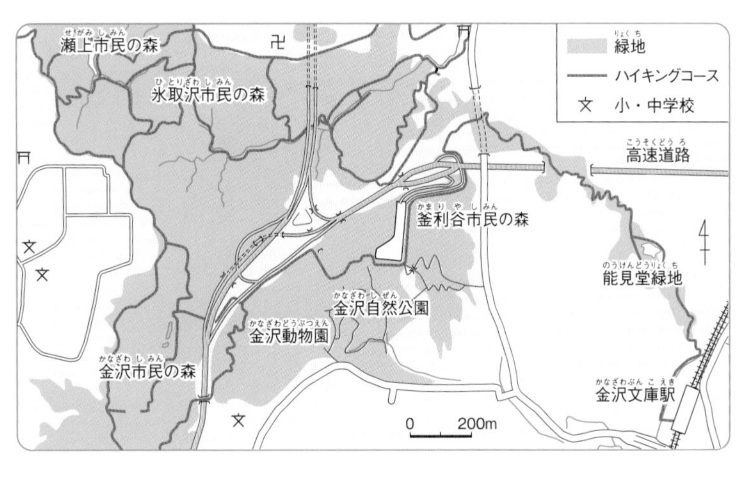

①(　　)右の**地図**中には、4つの「市民の森」がある。

②(　　)緑の多い所は公園のほか、動物園にりようされている。

③(　　)緑の多い所のまわりには、駅や学校は一つもない。

④(　　)ハイキングコースは、緑地の中を通らないようにつくられている。

⑤(　　)緑地の間に高速道路が通っている。

ポイント　海に面した所は、広くて平らなので工場が多くつくられる。

勉強した日 月 日

2 市の様子④

もくひょう
市内のさまざまな所を調べて気づいたことをまとめよう。

おわったらシールをはろう

きほんのワーク

教科書 38〜43ページ　答え 3ページ

1 住む人がふえてきた所

（　）にあてはまる言葉を□から書きましょう。

よみトク！ しりょう

ニュータウン

●横浜市の北の方には、港北①（　　）とよばれる、新しい住たく地がある。

●買い物をしやすいように大きな②（　　）がある。

●人々が住みやすいように、ゆたかな自然や③（　　）もある。

●もともと④（　　）だった所を、⑤（　　）に開発してつくられた。

電車で横浜駅まで20分ほどで行けるそうだよ。

ショッピングセンター

大きなマンション

山林　ニュータウン　住たく地　公園　ショッピングセンター

2 古いたてものがある所／市の様子をまとめよう

（　）にあてはまる言葉を□から書きましょう。

●昔、⑥（　　）にそって、⑦（　　）たちがとまる宿の集まる⑧（　　）がつくられた。

●⑨（　　）港が開かれてから、外国人が多く住むようになり、⑩（　　）のとくちょうを取り入れたたてものが今も使われ、大切にのこされている。

横浜　宿場町　外国　旅人　東海道

しゃかいか工場

れんがづくりのたてものは、外国との交流が始まった今からおよそ150年よりも前からつくられるようになったんだよ。

練習のワーク

できた数 ／10問中

おわったらシールをはろう

教科書 38〜43ページ　答え 3ページ

1 次の港北ニュータウンについての話のうち、正しいものには○を、あやまっているものには×を書きましょう。

①(　　)
もともとは海だった所をうめ立てて、住たく地に開発したよ。

②(　　)
横浜駅まで電車を使うと20分ほどで行けるんだって。

③(　　)
買い物にべんりなだけでなく、公園も多くて住みやすいんだ。

④(　　)
大きなマンションはほとんどなく、あまり人は住んでいないよ。

2 古いたてものがある所について、次の問いに答えましょう。

(1) **地図**中の●の町は、宿場町としてはってんしました。□にあてはまる漢字を書きましょう。(　　　　)

(2) 次の①・②のたてものは、右の**地図**中の㋐〜㋒のどこにありますか。

①(　　)

②(　　)

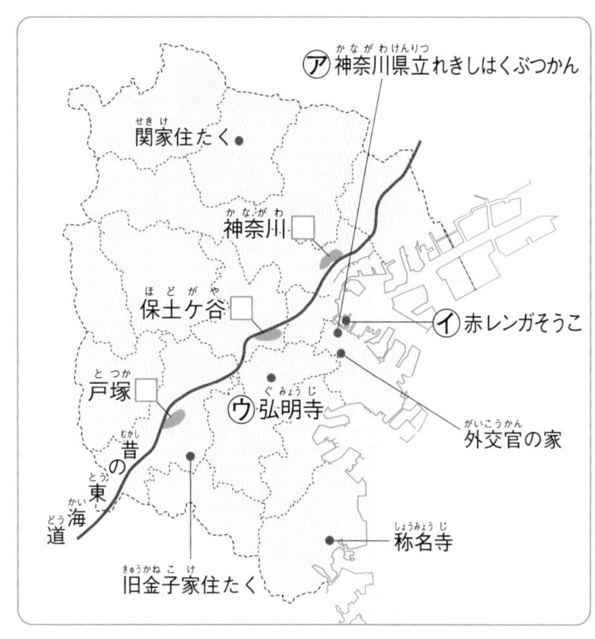

3 市の様子のまとめ方が正しい順になるように、次の㋐〜㋓をならべかえましょう。㋑は4番目になります。

(　　)→(　　)→(　　)→㋑

㋐地図にうすい紙を重ねて、市の形をなぞる。

㋑土地の様子が同じ場所を、色をかえてぬり分ける。

㋒主な川や、道路や鉄道を、おおまかになぞる。

㋓調べた場所の様子を、短い文で書き入れる。

ポイント ニュータウンは、新しく開発された住たく地。

勉強した日　月　日

まとめのテスト

2　市の様子

とく点　/100点

おわったらシールをはろう

時間 20分

教科書　22〜43ページ　答え　3〜4ページ

1 方位の表し方　**次の問いに答えましょう。**　1つ5点〔25点〕

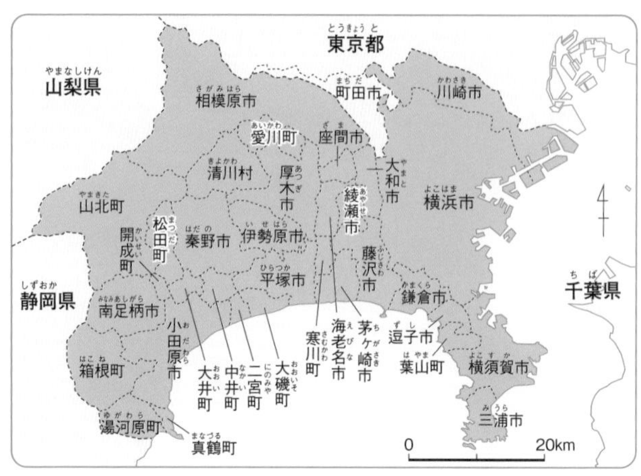

(1)　川崎市から見て平塚市のある方位を表すときは、四方位と八方位のどちらを使いますか。（　　　）

よく出る

(2)　次の文の（　　）にあてはまる方位を八方位で書きましょう。

①　湯河原町は、横浜市から見て（　　　）の方位にある。

②　相模原市は、横須賀市から見て（　　　）の方位にある。

③　川崎市は、小田原市から見て（　　　）の方位にある。

④　三浦市は、茅ケ崎市から見て（　　　）の方位にある。

2 わたしたちの市の様子　**右の地図を見て、次の問いに答えましょう。**

1つ5点〔25点〕

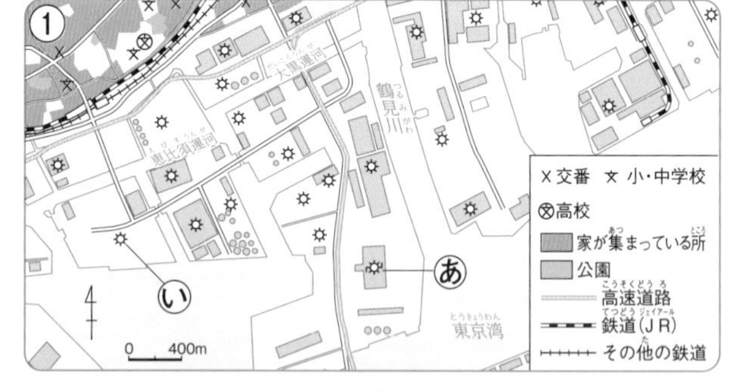

(1)　右の①と②の**地図**のうち、住む人が多いのはどちらですか。（　　）

よく出る

(2)　①の**地図**中のあといの地図記号の意味を、次からえらびましょう。

あ（　　）　い（　　）

ア　漁港　　イ　工場

ウ　発電所　　エ　博物館

(3)　次のうち、②の**地図**をせつめいした文を2つえらびましょう。

（　　）（　　）

ア　店や公共しせつが多い。

イ　鉄道(JR)の駅が3つある。

ウ　うめ立てた土地なので、直線でできた形になっている。

エ　公園が多くて住みやすい。

3 市全体の様子 **市全体の様子について、あとの問いに答えましょう。**1つ5点〔50点〕

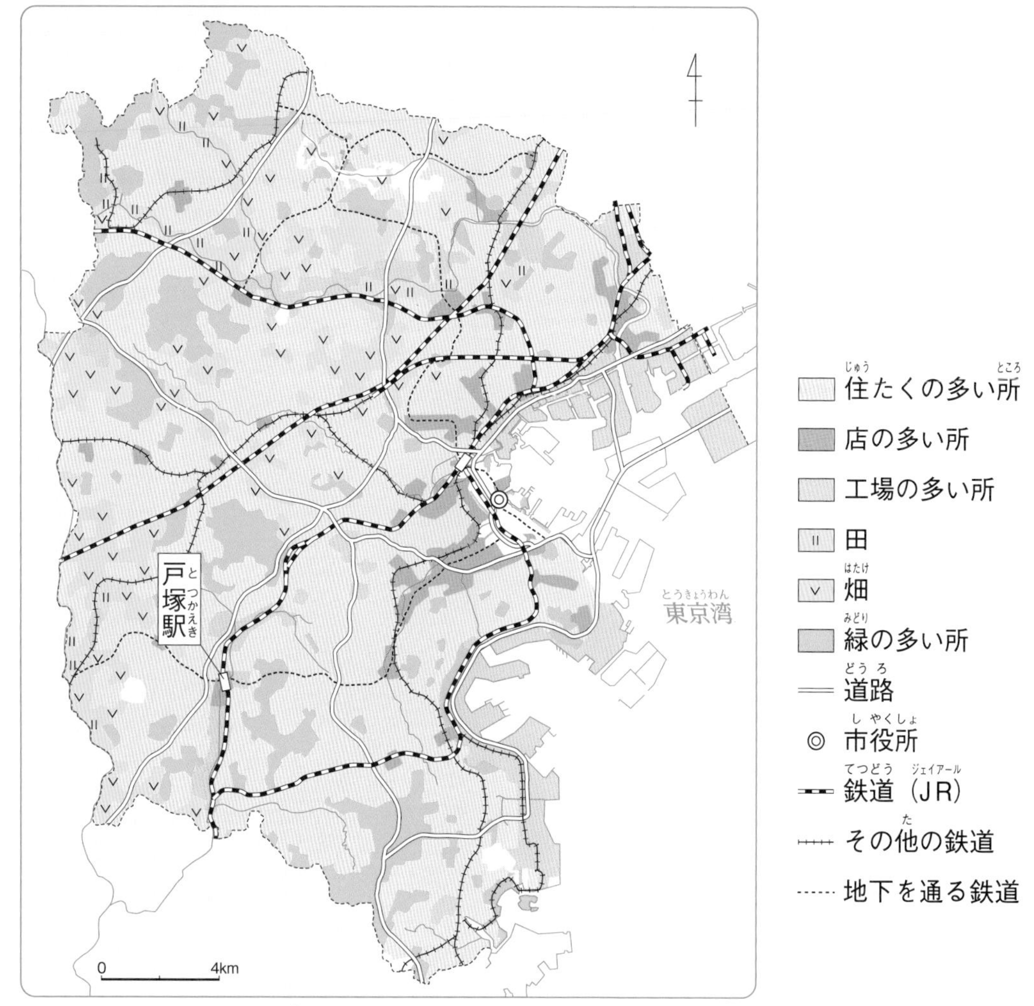

(1) この**地図**から読み取れることとして、正しいものには○を、あやまっているものには×を書きましょう。

①（　　　）住たくの多い所は、市の南がわだけに集まっている。

②（　　　）工場の多い所は、市の東がわの海ぞいや鉄道や道路の近くにある。

③（　　　）田や畑は、市全体から見ればせまいが、各地に見られる。

④（　　　）市役所は、市の東がわにある。

⑤（　　　）市の北がわには、地下を走る鉄道は通っていない。

⑥（　　　）海ぞいの地いきには、うめ立て地が見られる。

(2) **地図**中の戸塚駅のあたりは、昔、東海道が通っており、旅人たちがとまる宿が多くつくられました。このようなまちを何といいますか。

（　　　　　　）

(3) **地図**中の緑が多い所にとくに見られるものを、[　　]から３つえらびましょう。

（　　　　　　）（　　　　　　）（　　　　　　）

工場　　公園　　商店街　　市民の森　　動物園　　駅

もっと知りたい
地図記号ってなんだろう

きほんのワーク

もくひょう
どのような地図記号があるかまとめよう。

おわったらシールをはろう

教科書 44ページ　答え 4ページ

1 地図記号ってなんだろう

次の地図記号をなぞりましょう。また、(　　)にあてはまる言葉を□から書きましょう。

記号				
意味	①(　　)	②(　　)	③(　　)	漁港
もとになったもの	漢字の「文」の形	神社にある鳥居の形	開いた本の形	船のいかりの形
記号				
意味	博物館	④(　　)	⑤(　　)	⑥(　　)
もとになったもの	博物館や美術館などのたてものの形	昔の役所の頭文字「テ」から	２本のけいぼうが交わる形	昔、使われていた消防用の道具の形
記号				
意味	⑦(　　)	⑧(　　)	⑨(　　)	⑩(　　)
もとになったもの	四方八方に光が出る様子	いねをかり取ったあとの形	植物のふた葉の形	果物の実を横から見た形

交番　田　小・中学校　ゆうびん局　神社
畑　図書館　消防しょ　果樹園　灯台

 しゃかいか工場

博物館や図書館は、最近になって新しくつくられた地図記号なんだ。小学生がデザインを考えた地図記号もあるんだ。

練習のワーク

教科書 44ページ　答え 4ページ

できた数　／10問中

おわったら シールを はろう

1 次の地図記号は何を表していますか、あとの□からそれぞれえらびましょう。

① 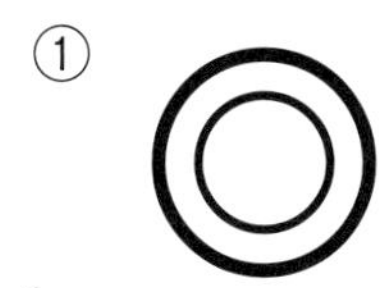　② 　③ 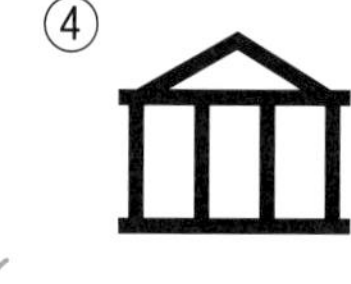　④

(　　　)(　　　)(　　　)(　　　)

果樹園　神社　博物館　畑　病院　けいさつしょ　市役所

2 次の写真にあてはまる地図記号を□にかきましょう。

①

②

3 わたしたちの学校のまわりの地図を見て、次の問いに答えましょう。

(1) 地図中の①～③の地図記号の意味を書きましょう。

①(　　　　)
②(　　　　)
③(　　　　)

(2) ○×駅のすぐ南にあるたてものに○を書きましょう。

㋐(　　)学校
㋑(　　)消防しょ
㋒(　　)神社
㋓(　　)交番

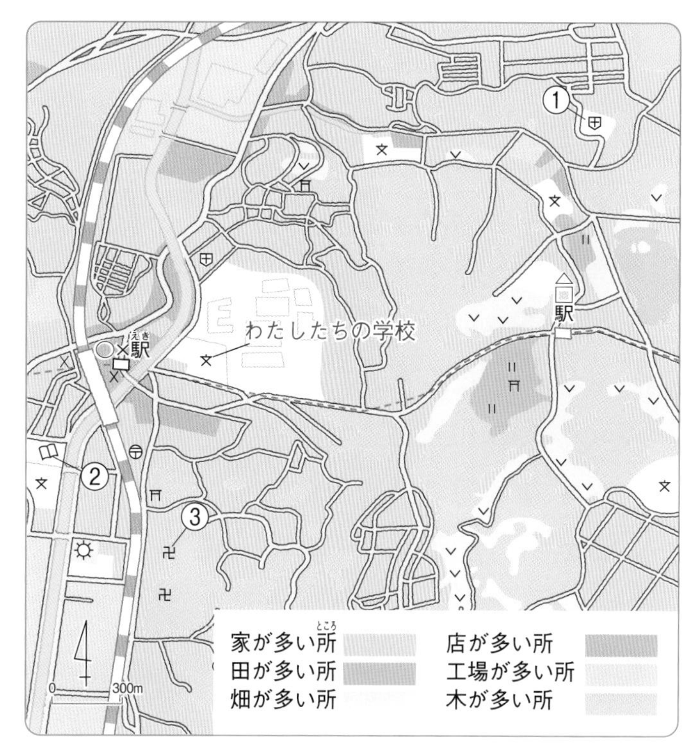

ポイント　地図記号は、かんけいするものがもとになっている。

月　日

もっと知りたい まちの昔と今を地図でくらべる

きほんのワーク

もくひょう
まちの昔と今のちがいを地図でかくにんしよう。

おわったらシールをはろう

教科書 45ページ　答え 4ページ

1 まちの昔と今を地図でくらべる

（　　）にあてはまる言葉を［　］から書きましょう。

●同じ地いきの①（　　　　　）と今の地図をくらべると、様子の②（　　　　　）がわかる。

よみトク！ 地図　昔と今の地図

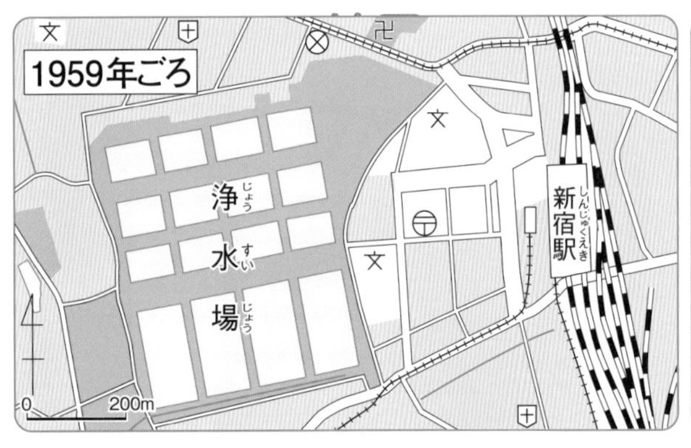

家や店の多い所　高層ビル　緑が多い所など

文 小・中学校　⊗ けいさつしょ　〒 ゆうびん局　卍 寺　⊞ 病院

●昔は③（　　　　　）があった場所に、今は**東京都庁**がたっている。

●④（　　　　　）とはひじょうに高いたてもののことで、100mをこえるものもある。東京都庁もそのようなたてものの一つ。

●昔とくらべると、⑤（　　　　　）駅は大きくなった。

●昔とくらべると、広い道路が⑥（　　　　　）。

●**緑はへった**が、大きな⑦（　　　　　）がつくられ、住民やはたらく人のいこいの場になっている。

●⊗の⑧（　　　　　）、卍の寺、〒のゆうびん局は、今も昔と同じあたりにあるが、3つあった文の⑨（　　　　　）は、3つともなくなっている。

JR以外の鉄道や駅の数がへっているように見えるけど、地下にうつったためで、じっさいにはふえているんだ。

ちがい　浄水場　新宿　ふえた　へった　公園
小・中学校　高層ビル　交番　病院　けいさつしょ　昔

しゃかいか工場　東京都庁は、昔は東京駅の近くにあったんだ。東京駅のまわりに人が集中するため、1991年に新宿駅の近くにうつされたんだ。

練習のワーク

教科書　45ページ　答え　4ページ

おわったらシールをはろう

1 次の①、②の写真は、昔と今のどちらの時期の様子ですか。それぞれ書きましょう。

①(　　　　　)　②(　　　　　)

2 左の地図は今からおよそ60年前の、右の地図は今の市の様子です。

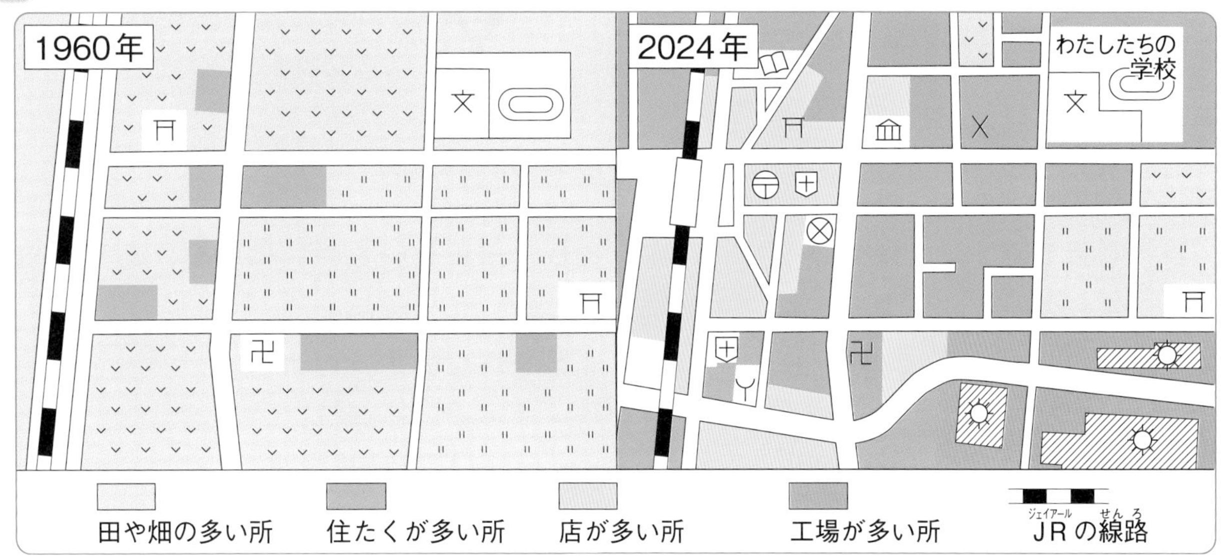

(1)　市を通る鉄道について、60年の間の大きな変化は何ですか。

(　　　　　　　)ができたこと。

(2)　60年の間のまちの変化として、正しいものには○を、あやまっているものには×を書きましょう。

㋐(　　)それまで田や畑だった所の多くが、店や住たく地にかわった。

㋑(　　)鉄道がべんりになったため、道路の数がへった。

㋒(　　)大きな公園がつくられ、人々のいこいの場となった。

㋓(　　)公共しせつがつくられ、人々の生活がべんりになった。

(3)　わたしたちの学校の南の方には、新しく大きな道路がつくられました。この道路のまわりには今は何がたてられていますか。(　　　　　)

ポイント　昔と今で、まちの様子はかわっている。

まとめのテスト

勉強した日　月　日

もっと知りたい

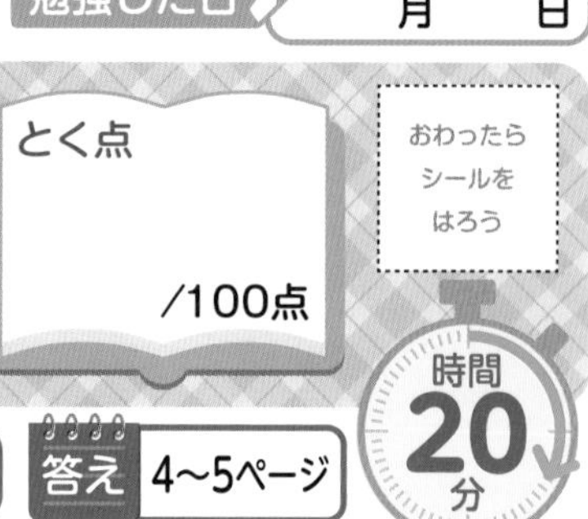

教科書 44～45ページ　答え 4～5ページ

1 地図記号の意味　次の問いに答えましょう。　1つ5点〔40点〕

よく出る

(1) 次の①～④は、地図記号とその地図記号のもとになったものについて書いたものです。それぞれの地図記号が表しているものを書きましょう。

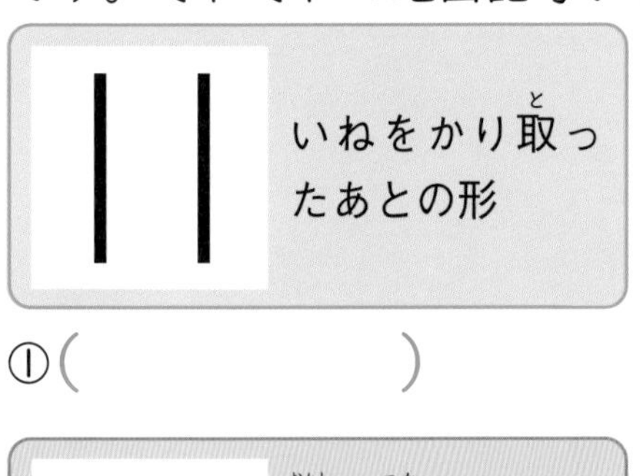

①(　　　　　)

②(　　　　　)

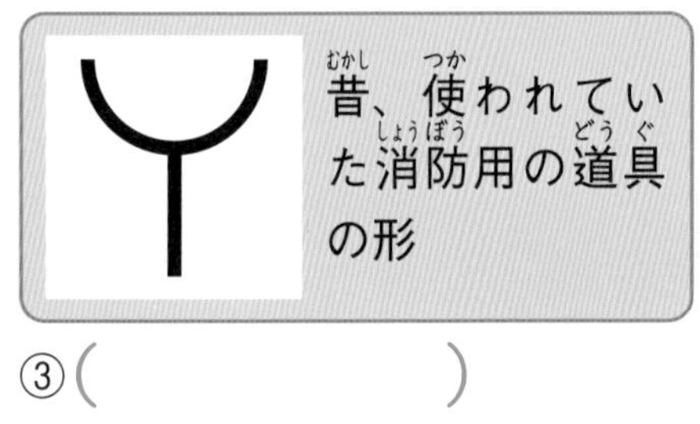

③(　　　　　)

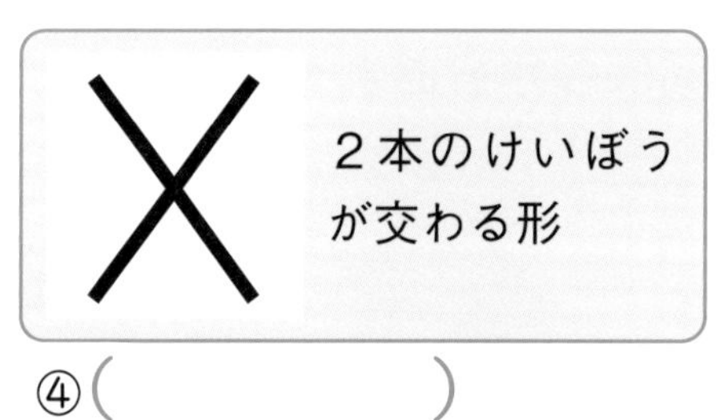

④(　　　　　)

(2) 地図で使う記号についてのせつめいとして、正しいものには○を、あやまっているものには×を書きましょう。

①(　　)地図中で同じ地図記号は何度も使わないようにする。
②(　　)方位記号でどちらが北かをわかりやすくする。
③(　　)地図記号は、つくられた後にかわることがある。
④(　　)地図記号から、土地の様子やどのようなたてものがあるのか読み取ることができる。

2 地図記号の目てき　右の地図記号を見て、次の問いに答えましょう。　1つ5点〔10点〕

(1) ①・②は、同じたてものを表す地図記号です。何のたてものを表していますか。

①

②
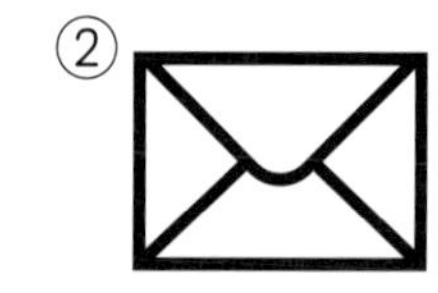

(　　　　　)

思考

(2) ②の地図記号についてせつめいした次の文の(　　)にあてはまる言葉を書きましょう。

> ②の地図記号は、(　　　　　)向けにつくられたもので、だれでも地図記号の意味がわかるようにデザインをくふうしています。

3 **地図の整理** **右の地図を見て、次の問いに答えましょう。** 1つ5点〔40点〕

(1) 次の①～⑥のたてものや土地の様子をしめした地図記号を、右の**地図**中からえらんでかきましょう。

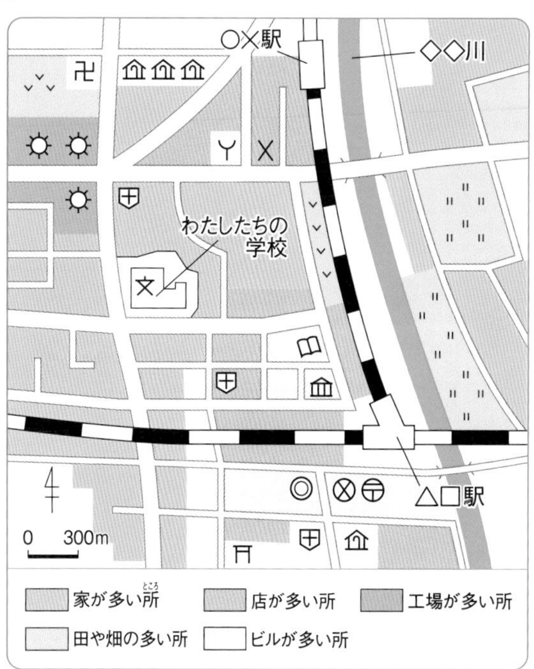

(2) 次の様子は、わたしたちの学校から見てどの方位にありますか。八方位で書きましょう。

① 駅の近くに博物館がある。

（　　　　　）

② 老人ホームが3つならんでいる。

（　　　　　）

4 **まちの昔と今** **次の地図を見て、あとの文の（　　）にあてはまる言葉を[　]からえらびましょう。** 1つ5点〔10点〕

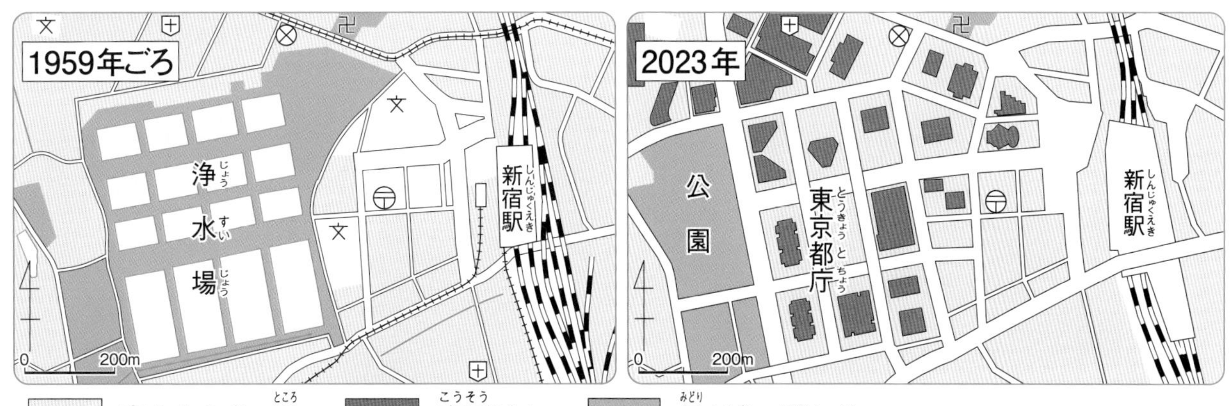

(1) 昔は浄水場があった所に、今は高層ビルがいくつもたっていることから、このあたりではたらいている人は（　　　　　）と考えられる。

(2) 昔にくらべると広い道路がふえたことから、このあたりをより多くの自動車が通るのに（　　　　　）になったと考えられる。

へった　　ふえた　　べんり　　ふべん

勉強した日　月　日

1　店ではたらく人と仕事①

もくひょう
買い物調べでわかったことをまとめてみよう。

おわったらシールをはろう

きほんのワーク

教科書 48～51ページ　答え 5ページ

1 買い物はどこで

(　　)にあてはまる言葉を□から書きましょう。

●買い物調べカードをつくって、家の人たちはどのような店で買い物をしているか調べる。
●調べる①(　　　　　)を決めて、家の人がどこの②(　　　　　)で、どんな③(　　　　　)を買ったのかたずねる。
●行った店と買った品物と、その店に行った④(　　　　　)もたずねて、⑤(　　　　　)に書きこむ。

6月6日(土)

買い物に行った店	
買った品物	
そのお店に行った理由	
気づいたこと	

商品　日　理由　店　カード

2 買い物調べでわかったこと

(　　)にあてはまる言葉を□から書きましょう。

よみトク！ 地図

買い物地図

●店の⑥(　　　　　)をたしかめ、白地図に書き入れる。
●行った⑦(　　　　　)の数だけシールを地図にはる。
●地図から、⑧(　　　　　)のまわりにある店に買い物に行った人が多いことがわかる。
●⑨(　　　　　)や車に乗って、遠い所にある店に行った人も多い。
●買い物調べでわかったことを、表や⑩(　　　　　)に表してみる。

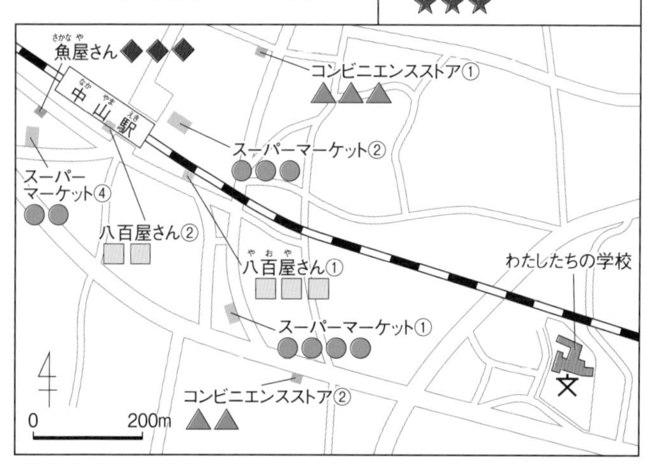

自転車　人　場所　駅　グラフ　学校

しゃかい工場
同じ牛にゅうを買う場合でも、ふだんはスーパーマーケットで買うけれど、急にひつようになったときは近くのコンビニエンスストアで買うということもできるよ。

練習のワーク

できた数 ／13問中

おわったらシールをはろう

教科書 46～51ページ　答え 5ページ

1 右の買い物調べカードを見て、次の問いに答えましょう。

(1) おさむさんの家では、6月6日はいくつの店で買い物をしましたか。

（　　　　）

(2) 買い物調べカードの書き方について、正しいものには○を、あやまっているものには×を書きましょう。

①（　　）買い物調べをする日はとくに決めなくてもよい。

②（　　）自分が思ったことも書きこむとよい。

③（　　）買った品物は多くなるので全部書かなくてもよい。

6月6日(土)　　2組　山田　おさむ

買い物に行った店	ケーキ屋（商店街）	スーパーマーケット
買った品物	チーズケーキ	米、レタス、ウインナー、あじ、たまご、ティッシュ
そのお店に行った理由	ケーキがおいしいから。	食品や日用品をたくさん売っているから。
気づいたこと	手づくりのチーズケーキがとてもおいしい。	たまごが安かった。

2 家の人たちが買い物に行った店をまとめた表を見て、グラフを完成させましょう。

家の人たちが買い物に行った店
調べた日6月6日（土）/ 6月7日（日）

店		人数	
八百屋さん	◆	正	4
肉屋さん	▼	T	2
スーパーマーケット④	●	下	3
魚屋さん	■	正	4
コンビニエンスストア①	▲	一	1
コンビニエンスストア②	▲	正	5
スーパーマーケット①	●	正	4
スーパーマーケット②	●	正一	6
スーパーマーケット③	●	正正	9
その他の店	★	T	2

家の人たちが買い物に行った店　調べた日［6月6日(土)　6月7日(日)］

(人)
10
5

スーパーマーケット③	スーパーマーケット②		八百屋さん	魚屋さん		スーパーマーケット④	肉屋さん	コンビニエンスストア①	その他の店

さまざまな店で商品を買っている。

勉強した日　　月　　日

1　店ではたらく人と仕事②

もくひょう
店のくふう調べの学習計画をたてよう。

おわったらシールをはろう

教科書 52〜54ページ　答え 5ページ

1 レシートからわかること

（　　）にあてはまる言葉を□から書きましょう。

よみトク！しりょう レシートの見方

●**レシート**には、買い物をした①（　　　　　）や時間、買った物、買った物の②（　　　　　）などが書いてある。

●レシートを見ると、お金をいくらはらって、いくら③（　　　　　）がもどってきたかわかる。

〈 領 収 証 〉
2023年10月22日（日）
17：20　レジ：03
担当者：ナガシマ
102◎ヤサイコロッケ　＊198
101◎キャベツ　＊228
109◎ウスターソース　＊269
102◎マカロニサラダ　＊184
小計／　4点　¥879
お買い上げ計　¥879
内税率　8％対象額　¥879
（内消費税等　8％　¥65）
＊印は軽減税率対象商品です
お預り金　¥1,000
お釣り　¥121

●お客さんに多くの商品を買ってもらえれば、お店の**売り上げ**は④（　　　　　）。

●お店の売り上げから仕入れのねだんを引いたものが、お店の⑤（　　　　　）になる。

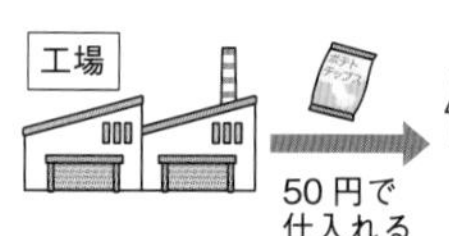

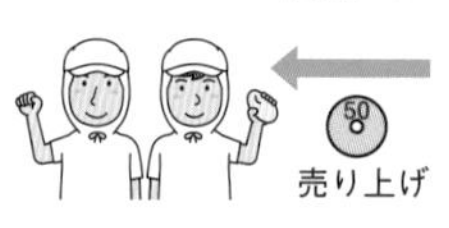

ねだん　おつり　日にち　もうけ　へる　ふえる

2 学習の見通しを立てよう

（　　）にあてはまる言葉を□から書きましょう。

●店が売り上げを高めるためにどんなくふうをしているか予想する。

予想
◆⑥（　　　　　）を用意して、お客さんを集めているのではないか。
◆⑦（　　　　　）をよくして、たくさん買ってもらおうとしているのではないか。
◆商品の⑧（　　　　　）や、べんりさもかんけいしているのではないか。

調べ方
●店内や店の人の様子を⑨（　　　　　）する。
●店の人やお客さんに⑩（　　　　　）する。

新せんさ　お買いどく品　かんさつ　品ぞろえ　インタビュー

しゃかいか工場
知りたいことについて、さまざまな人に話を聞くことをインタビューというよ。インタビューをするときは、めいわくにならないように、れいぎ正しくしよう。

練習のワーク

教科書 52～54ページ　答え 5ページ

できた数　／11問中

おわったら シールを はろう

1 次の問いに答えましょう。

(1) 買い物をするとレジで受け取る、右の紙を何といいますか。

(　　　)

(2) (1)からわかることを、次から2つえらびましょう。

(　　)(　　)

㋐ お店で買った品物
㋑ お客さんの名前
㋒ お店で買い物をした日にち
㋓ 他のお客さんが買った品物

〈 領　収　証 〉
2023年10月29日（日）
18：15　レジ：04
担当者：オオイシ

102◎ヤサイコロッケ	＊198
102◎メンチカツ	＊398
101◎キャベツ	＊228
109◎ウスターソース	＊269
102◎マカロニサラダ	＊184
小計／　5点	¥1,277
お買い上げ計	¥1,277
内税率　8％対象額	¥1,277
（内消費税等　8％	¥95）
＊印は軽減税率対象商品です	
お預り金	¥1,300
お釣り	¥23

2 次の図の(　　)にあてはまる言葉を、あとからそれぞれえらびましょう。

①(　　)　②(　　)　③(　　)

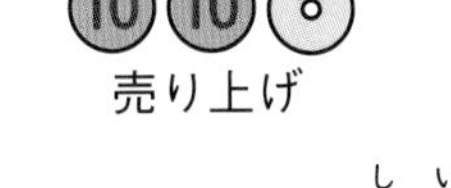

㋐ 100円で売る　㋑ 70円で仕入れる　㋒ 30円のもうけ

3 スーパーマーケットのくふう調べについて、正しいものには○を、あやまっているものには×を書きましょう。

①(　　)お客さんが買い物をしやすくするためのくふうを調べる。
②(　　)調べているとき、お客さんの買い物のじゃまになってもよい。
③(　　)自分のすきなおかしがあるかどうか、調べる。
④(　　)買い物をしている人やお店の人にインタビューをする。
⑤(　　)たくさんのしゅるいの、よい品物をそろえるくふうを調べる。

売り上げから仕入れを引いたものが店のもうけ。

勉強した日　月　日

1　店ではたらく人と仕事③

もくひょう
スーパーマーケットの様子をまとめよう。

おわったらシールをはろう

きほんのワーク

教科書 55〜59ページ　答え 6ページ

1 スーパーマーケットの様子を調べよう

（　　）にあてはまる言葉を□から書きましょう。

よみトク！しりょう　スーパーマーケットの様子

ねだんのくふう	●ねだんの数字が①（　　　　　）書かれていて、見やすい。
品ぞろえのくふう	●商品がどこにあるかわかるように、②（　　　　　）べつにならべている。
新せんさのくふう	●れいぞうロッカーがあり、買った物を③（　　　　　）ままあずけられる。
べんりさのくふう	●広い駐車場があり、④（　　　　　）で来やすい。 ●売り場や通路が⑤（　　　　　）。
だれでもりようしやすいくふう	●⑥（　　　　　）のある人のための駐車場もある。

売れのこりを出さないようにねだんを下げることもあるよ。

車いす　ひやした　しゅるい　自動車　しょうがい　大きく　広い

2 店ではたらく人の様子

（　　）にあてはまる言葉を□から書きましょう。

●⑦（　　　　　）をする人は、トラックでとどけられる商品を、店内に運び入れる。
●新せんさを調べる人は、いたんだものがまざっていないか、⑧（　　　　　）をたしかめる。
●そうざいをつくる人は、きせつや⑨（　　　　　）によって、何をどれだけつくるか決めている。
●レジ係の人は、⑩（　　　　　）の受けわたしをまちがえないように気をつけている。

コーナー　注文　仕入れ　品質　時間　お金

しゃかいか工場　一人ぐらしの人がふえているので、スーパーマーケットでもさいきんはりょうの少ない商品をそろえ、むだのないようにくふうをしているよ。

練習のワーク

教科書 55～59ページ　答え 6ページ

できた数 ／11問中

おわったら シールを はろう

1 次の絵の①～⑥にあてはまるせつめいを、あとからそれぞれえらびましょう。

①(　　) ②(　　) ③(　　)
④(　　) ⑤(　　) ⑥(　　)

㋐　ねだんの数字が大きく書かれていて、読みやすい。
㋑　買いたい商品がどこにあるかわかるように、しゅるいごとにならべている。
㋒　売り場や通路が広いので、こんざつしているときでも、車いすやショッピングカートをりようしやすい。
㋓　広い駐車場があるため、自動車で来やすい。
㋔　補助犬といっしょに店に入れることを表している。
㋕　たくさんのしゅるいの商品の中から、お客さんがすきな商品をえらべる。

2 スーパーマーケットではたらいている人たちの様子について、次の文にあてはまる係の人を、あとからそれぞれえらびましょう。

①(　　)きせつや時間に合わせておすしなどをつくる。
②(　　)トラックでとどけられた商品を店内に運び入れる。
③(　　)商品をお客さんの正面に向けてならべる。
④(　　)お金の受けわたしをまちがえないように気をつける。
⑤(　　)いたんだものがまざっていないか品質をたしかめる。

㋐　レジ係の人　㋑　そうざいをつくる人　㋒　商品をならべる人
㋓　商品の新せんさを調べる人　㋔　仕入れをする人

ポイント スーパーマーケットの人はいろいろな仕事をしている。

勉強した日　月　日

1　店ではたらく人と仕事④

きほんのワーク

もくひょう
店がどのようなくふうをしているかまとめよう。

おわったらシールをはろう

教科書 60～65ページ　答え 6ページ

1 商品はどこから

（　）にあてはまる言葉を［　］から書きましょう。

●野菜や果物は、安く売るために青果市場を通さずに①（　　　　）からちょくせつ仕入れることもある。

よみトク！地図　外国から仕入れた食品の産地

●安全でよい商品を安く売るため、②（　　　　）からも仕入れている。

●アメリカから③（　　　　）、④（　　　　）からコーヒー豆を仕入れている。

●国旗には、その国をきずいてきた人々の思いや⑤（　　　　）などがこめられている。

●安全のため、⑥（　　　　）に気をつけて食材をえらぶお客さんもいる。

チーズ
イタリア
日本
小麦
アメリカ
中国
たまねぎ
コーヒー豆
モーリタニア
牛肉
たこ
ブラジル
オーストラリア

産地　ほこり　外国　農家　ブラジル　小麦

2 買い物で気をつけていることと店のくふう / 店のくふうをまとめよう

（　）にあてはまる言葉を［　］から書きましょう。

●店では⑦（　　　　）におすすめの商品をのせたり、お買いどく品を用意したりして⑧（　　　　）を集めるくふうをしている。

●店では、⑨（　　　　）ボックスをおくなど、ごみやむだをへらすくふうをしている。

●お客さんは、食品の⑩（　　　　）をたしかめて買うようにしている。

お客さん　リサイクル　消費期限　ちらし

古くなってきた商品を安く売ることで、売れのこってすててしまう商品をできるだけなくすくふうをしているお店もあるよ。

勉強した日　月　日

練習のワーク

教科書 60～65ページ　答え 6ページ

できた数 ／12問中

おわったらシールをはろう

1 次のスーパーマーケットの商品の仕入れ先についての話のうち、正しいものには○を、あやまっているものには×を書きましょう。

①(　　　)

商品は、日本各地から送られてきているね。

②(　　　)

商品をつくっている人からちょくせつ仕入れることはないよ。

③(　　　)

商品の産地は、商品のふくろやちらしを調べるとわかるよ。

④(　　　)

食品はいたむから、外国からは仕入れていないんだって。

2 お客さんのねがいと、店のくふうを、それぞれ線でむすびましょう。

お客さんのねがい	店のくふう
① 少しでも安く買いたい・	・㋐ 古くなった食品は取りのぞく
② ひつような分だけ買いたい・	・㋑ 広い駐車場をつくる
③ 外国の商品を食べたい・	・㋒ 小分けして売る
④ 消費期限をたしかめて食品を買いたい・	・㋓ お買いどく品をよういする
⑤ つくられた場所をたしかめたい・	・㋔ リサイクルコーナーを整える
⑥ 自動車に乗って行きたい・	・㋕ 世界の各地から商品を取りよせる
⑦ 食品トレーなどのごみをへらしたい・	・㋖ リサイクルをするとポイントがたまるきかいをおく
⑧ 買い物のほかにもポイントをためたい・	・㋗ 産地がわかるようにする

ポイント お客さんのねがいと店のくふうはつながっている。

勉強した日　月　日

まとめのテスト

1　店ではたらく人と仕事

教科書 48〜65ページ　答え 6〜7ページ

作図・**1** 地図にまとめる　右の地図に、左の表の買い物に行った店の人数を●で書きこんで、買い物地図をかんせいさせましょう。〔完答25点〕

表　家の人たちが買い物に行った店
調べた日〔9月10日(土)　9月11日(日)〕

店	人数	
八百屋さん①	下	3
八百屋さん②	T	2
ショッピングセンター	T	2
肉屋さん	下	3
コンビニエンスストア①	T	2
コンビニエンスストア②	下	3
スーパーマーケット①	正	4
スーパーマーケット②	下	3
スーパーマーケット③	正正	10
その他の店	下	3

買い物地図

2 スーパーマーケットではたらく人たちのくふう　次の5人は、スーパーマーケットではたらく人たちです。この人たちが気をつけていることを、あとからそれぞれえらびましょう。
1つ5点〔25点〕

①(　　)　②(　　)　③(　　)　④(　　)　⑤(　　)

レジ係の人

商品をならべる人

商品の新せんさを調べる人

そうざいをつくる人

仕入れをする人

㋐ お客さんを待たせることなく、ていねいに商品をあつかう。
㋑ きせつや時間によって、何をどれくらいつくるか考える。
㋒ いたんだものがまざっていないか、品質をたしかめる。
㋓ 店の商品が売り切れにならないように仕入れる。
㋔ 商品を、お客さんの正面に向けてならべる。

3 商品はどこから　次の地図を見て、あとの問いに答えましょう。

1つ5点〔30点〕

国内から仕入れた野菜の産地

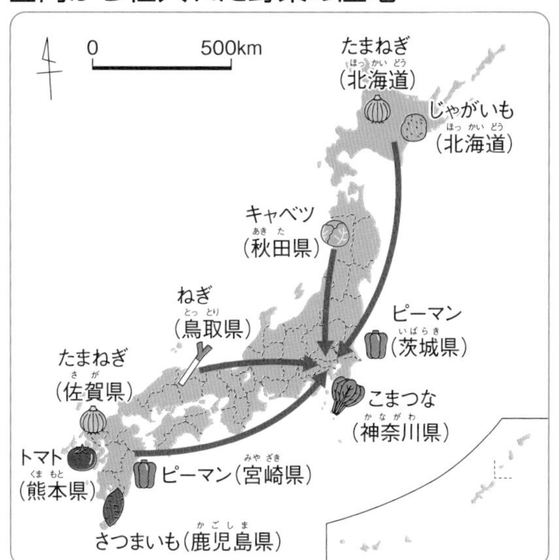

外国から仕入れた食品の産地

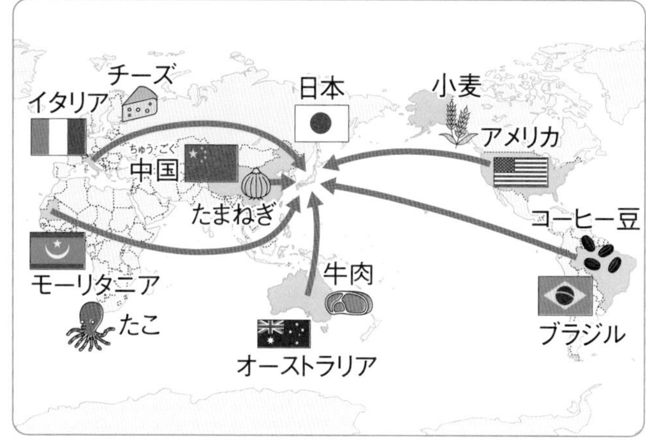

(1)　①・②にあてはまる商品や産地の名前を**地図**中からえらんで書きましょう。

①　北海道から仕入れた野菜（1つ）　（　　　　　）

②　チーズの産地の国　（　　　　　）

(2)　**地図**から読み取れることとして、正しいものには○を、あやまっているものには×を書きましょう。

①（　　　）ピーマンは2つの産地から仕入れている。

②（　　　）さつまいもやトマトは近くの県から仕入れている。

③（　　　）牛肉はオーストラリアから仕入れている。

④（　　　）たこなどの水産物は外国から仕入れていない。

4 買い物で気をつけること　次の4人は、買い物で気をつけることについて話しています。よいと思う考え方には○を、よくないと思う考え方には×を書きましょう。

1つ5点〔20点〕

①（　　　）

商品のねだんだけではなく、安全かどうかも考えるよ。

②（　　　）

消費期限のことは考えずに、とにかく安い商品を買うよ。

③（　　　）

少しでも安く買うために、広告のちらしを見くらべるよ。

④（　　　）

なるべくごみをへらしたいから、リサイクルボックスを使うよ。

勉強した日　月　日

もっと知りたい
よりよい買い物をするために

きほんのワーク

もくひょう
スーパーマーケット以外のお店も調べてみよう。

おわったら シールを はろう

教科書 66～67ページ　答え 7ページ

1 よりよい買い物をするために

（　　）にあてはまる言葉を［　］から書きましょう。

■さまざまなお店と買い物のしかた

●八百屋さん

①（　　　　　）に住む顔なじみのお客さんが多い。お店の人が、野菜のよさや、②（　　　　　）のしかたを教えてくれる。

●コンビニエンスストア

朝早くから③（　　　　　）おそくまで開いていることが多い。すぐに使える商品をそろえているほか、つくりたての④（　　　　　）なども売っているため、配送の⑤（　　　　　）が一日に何度もやってくる。コピーを取ったり、⑥（　　　　　）を受けつけたりするサービスもある。

●商店街

一つ一つの商店が⑦（　　　　　）し、お客さんを集めるくふうをしている。

●⑧（　　　　　）を使って、いつでも商品をさがして買うことができる。

●⑨（　　　　　）は、決まった曜日や⑩（　　　　　）に、家までとどけてくれる。

べんとう　料理　個人こうにゅう　トラック　時間
宅配便　夜　インターネット　近所　協力

しゃかいか工場　インターネットによる買い物は、商品がとどくまで、じっさいの商品をかくにんすることができないため、買うときには注意がひつようだよ。

勉強した日　月　日

練習のワーク

教科書 66〜67ページ　答え 7ページ

できた数　／8問中

おわったらシールをはろう

1 次の４人は、スーパーマーケット以外の店の仕事や、買い物のしかたについて話しています。それぞれにあてはまるものを、あとからえらびましょう。

①(　　)

夜中に電球が切れたので、いつでも開いているお店に買い物に行ったよ。

②(　　)

顔なじみのお店の人が、親切に野菜のことや料理のしかたを教えてくれたよ。

③(　　)

決まった曜日や時間に商品を家までとどけてくれてべんりだね。

④(　　)

コピーを取りに行ったよ。朝早くから開いていて、助かったよ。

㋐ コンビニエンスストア
㋑ 近所の八百屋さん
㋒ 個人こうにゅう

2 次の文のうち、インターネットにあてはまるものには㋐を、商店街にあてはまるものには㋑を、それぞれ書きましょう。

①(　　)家でパソコンを使って、商品をさがしたり買ったりする。
②(　　)ふく引きなどさまざまなイベントを行って、お客さんを集めるくふうをしている所もある。
③(　　)アーケードをつくって、雨がふってもかさをささずに買い物ができるようにしている所もある。
④(　　)全国どこからでも注文できるので、近くの店にほしい商品がないときにべんりである。

ポイント 生活に合わせて、買い物のしかたをくふうしている。

勉強した日　月　日

2　工場ではたらく人と仕事①

もくひょう
しゅうまいづくり調べの学習計画を立てよう。

おわったらシールをはろう

教科書 68～71ページ　答え 7ページ

1 まちで人気のしゅうまい

（　）にあてはまる言葉を□から書きましょう。

- スーパーマーケットのべんとうはたくさんの①（　　　）があり、店の人が一つ一つ②（　　　）でつくっている。
- 駅の中の店で売っているしゅうまいべんとうは、近くにある③（　　　）でつくっている。
- 工場では、人が④（　　　）を動かして、たくさんのしゅうまいを⑤（　　　）的につくっている。
- この店のある横浜市は、しゅうまいを食べるりょうが多いため、しゅうまいは市の⑥（　　　）になっている。

スーパーマーケットのべんとうとしゅうまいべんとうのつくり方のちがいに着目しよう。

手づくり　自動　しゅるい　名物　工場　きかい

2 学習問題をつくり、学習の見通しを立てよう

（　）にあてはまる言葉を□から書きましょう。

よみトク！地図　横浜市の主な工場

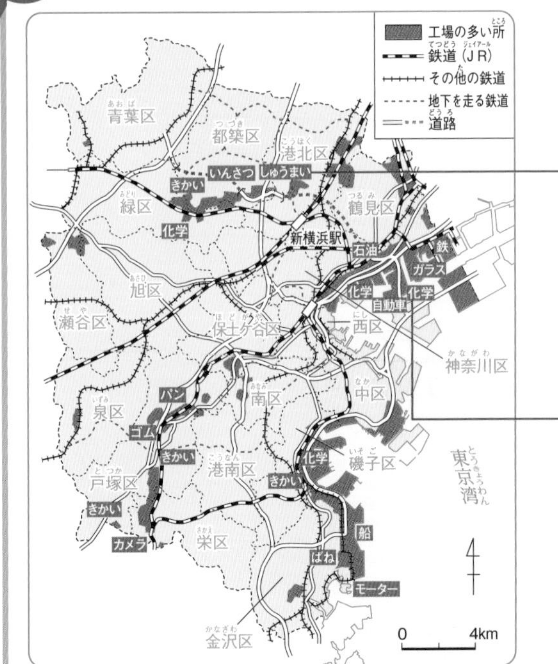

- 市の主な工場の⑦（　　　）を地図で調べる。
- 工場を⑧（　　　）し、つくり方やはたらく人の仕事を調べる。

しゅうまい工場は、⑨（　　　）が通る駅の近くにある。

⑩（　　　）の近くに、大きな工場が集まっている。

見学　場所　新幹線
海　山　つながり

しゃかいか工場　工場の中を見学するときは、ゆっくりメモを取る時間がないので、大切だと思うことをかんたんな言葉で記録するといいよ。絵のほうがわかりやすいときは、スケッチをしよう。

練習のワーク

教科書 68～71ページ　答え 7ページ

1 右のグラフを見て、次の問いに答えましょう。

(1) 横浜市では、1年間でしゅうまいに使うお金が全国へいきんより高いですか、安いですか。

(　　　　　)

(2) (1)のことから、横浜市ではしゅうまいがたくさんつくられて売られていることがわかります。また、他の地いきの人も横浜市のしゅうまいをおみやげに買っていきます。このような商品のことを何といいますか。

(　　　　　)

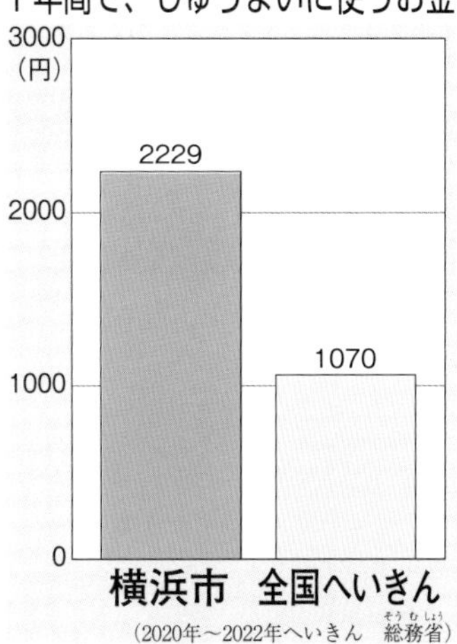

2 右の地図を見て、正しいものには○を、あやまっているものには×を書きましょう。

①(　　　)工場の多い所は、海のそばに集まっている。

②(　　　)しゅうまい工場は、道路のそばにある。

③(　　　)鉄や化学の工場は、海のそばにある。

④(　　　)パン工場は、市内の北がわにある。

⑤(　　　)きかい工場は、海のそばにしかない。

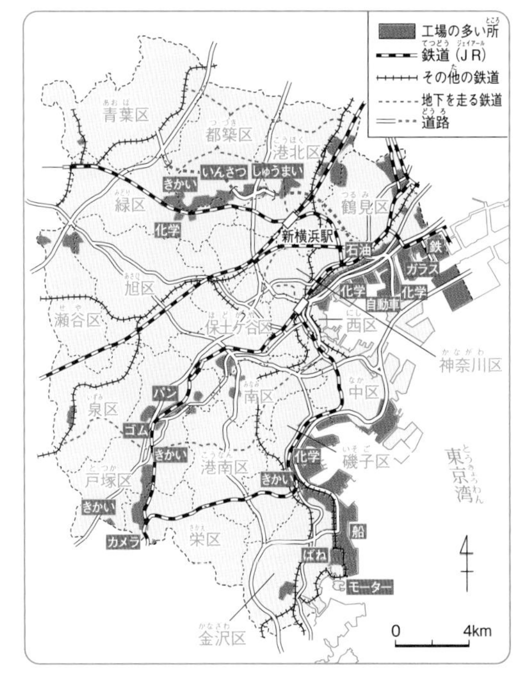

3 工場を見学するときに注意することとして、正しいものには○を、あやまっているものには×を書きましょう。

①(　　　)工場の中のきかいや商品にはさわらない。

②(　　　)わからないことは、工場の人ではなく、学校に帰ってから先生にしつもんする。

③(　　　)工場では、話をしずかにきいて、しつもんしたことをメモに取る。

④(　　　)工場の人がいそがしいときには、わたしたちもお手つだいをする。

ポイント　しゅうまいは、きかいで自動的につくっている。

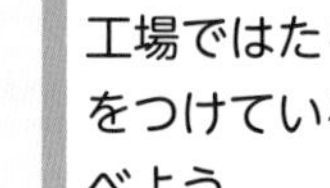

工場ではたらく人が気をつけていることを調べよう。

おわったら シールを はろう

2 工場ではたらく人と仕事②

きほんのワーク

教科書 72〜75ページ　答え 7ページ

1 工場をたずねて

（　）にあてはまる言葉（ことば）を□から書きましょう。

●ぶた肉、たまねぎなどの①（　　　）をじゅんびする。

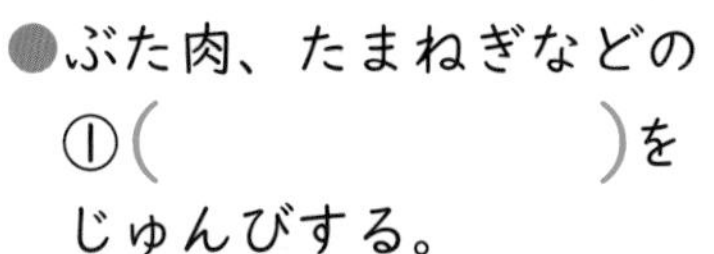

●②（　　　）をして練（ね）り肉や皮（かわ）をつくる。

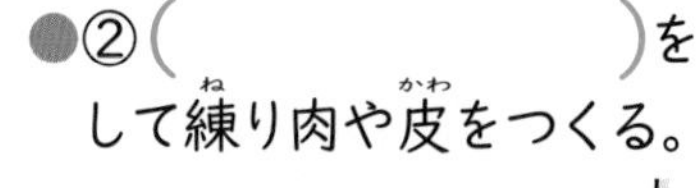

●練り肉を皮でつつみ、しゅうまいの③（　　　）をつくる。

●一気にむす。

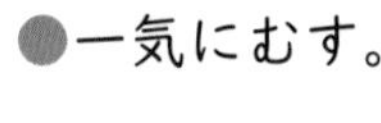

●④（　　　）で箱（はこ）につめる。

●⑤（　　　）でしょう油（ゆ）などをつめて、きかいで⑥（　　　）する。

味（あじ）つけ　形　人の手　きかい　原料（げんりょう）　ほうそう

2 はたらく人が気をつけていること

（　）にあてはまる言葉を□から書きましょう。

よみトク！しりょう　はたらく人が工場の中に入るまで

●はたらく人の服（ふく）そう
◆⑦（　　　）服、ぼうし、⑧（　　　）、くつを身（み）につけている。

●はたらく人たちが通る部屋（へや）
◆強い⑨（　　　）で、服についたかみの毛やほこりを取（と）っている。

●手はていねいにあらい、アルコールで⑩（　　　）する。

風　消毒（しょうどく）　ねつ
白い　黒い　マスク

しゃかいか工場

えいせいとは、病気（びょうき）をふせいで、身のまわりをきれいにすることだよ。食品（しょくひん）は人の体に入るものなので、工場ではたらく人たちは、えいせいにとくに気をつけているんだ。

練習のワーク

教科書 72〜75ページ　答え 7〜8ページ

できた数 ／12問中

おわったらシールをはろう

1 しゅうまい工場を見学してわかったことについて、正しいものには○を、あやまっているものには×を書きましょう。

①(　　　)

工場ではたらく人は、手をていねいにあらい、きれいにしていたよ。

②(　　　)

しゅうまいづくりには、人の手だけでなくきかいが使(つか)われていたよ。

③(　　　)

工場ではたらく人は、マスクや白いくつなどを身(み)につけていたよ。

④(　　　)

はたらく人の服(ふく)そうは決(き)められていなくて、動(うご)きやすい服そうの人が多かったよ。

⑤(　　　)

しゅうまいの原(げん)料(りょう)は、ぶた肉と小(こ)麦(むぎ)粉(こ)だけだったよ。

⑥(　　　)

しゅうまいの形のけんさなど、人が目で見てチェックする仕事(しごと)もあったよ。

2 工場ではたらく人が気をつけていることについて、次(つぎ)の文の｛　｝にあてはまる言葉(ことば)に○を書きましょう。

- 工場ではたらく人たちは、①｛ 白い　黒い ｝色のせいけつな服に着(き)がえる。
- 工場の中に入る前は、②｛ ローラー　手 ｝で服のほこりやよごれを取(と)ったり、右の絵のような部屋(へや)に入り、③｛ 強い　弱い ｝風をふきつけて、かみの毛やほこりを取ったりする。
- 工場の中にばいきんやほこりを持(も)ちこまないようにするため、④｛ 手　顔 ｝はていねいにあらい、⑤｛ あついお湯(ゆ)　アルコール ｝で消毒(しょうどく)する。
- 工場では、⑥｛ しずかさ　えいせい ｝が第一(だいいち)である。

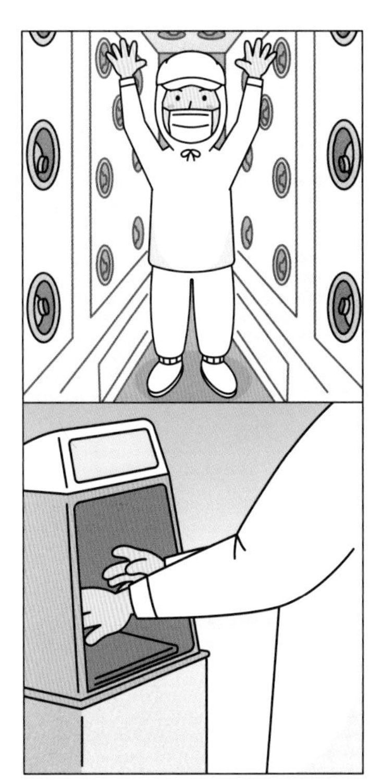

ポイント　工場の人は、えいせいに気をつけてはたらいている。

勉強した日　月　日

2　工場ではたらく人と仕事③

きほんのワーク

もくひょう・
しゅうまい工場とわたしたちのつながりを調べよう。

おわったらシールをはろう

教科書 76〜81ページ　答え 8ページ

1 工場ではたらく人たち

（　　）にあてはまる言葉を□から書きましょう。

- 多くの人に食べてもらえるように新しい商品の①（　　　　　）や②（　　　　　）を進めている。
- 事務室では、店から受けた③（　　　　　）をまとめて、工場でつくるしゅうまいの数を決めている。
- 工場でつくられた製品は、④（　　　　　）で店に運ばれる。
- 工場では、仕事を⑤（　　　　　）し、協力しながら進めている。

分たん　トラック　注文　開発　研究

2 製品はどこへ、原料はどこから／地いきとともに歩むものづくり

（　　）にあてはまる言葉を□から書きましょう。

よみトク！地図　しゅうまいの店がある場所

埼玉県　池袋駅　千葉県　新宿駅　東京都　川崎駅　しゅうまい工場　新横浜駅　神奈川県　横浜駅　横浜市　0　20km　(2023年 4月)

● 直営店がある場所　------ 都や県のさかい　鉄道（JR）　その他の鉄道　道路

- 製品の多くは、大きな駅の中にある⑥（　　　　　）に運ばれる。
- しゅうまい工場は、⑦（　　　　　）の出入り口近くにあるため、まわりの市や都、県に運びやすい。

工場がある場所

- しゅうまいは、⑧（　　　　　）地いきで食べられている。
- しゅうまいの原料は、日本だけでなく⑨（　　　　　）のさまざまな地いきから⑩（　　　　　）やトラックで運ばれてくる。

外国　安全　船　高速道路　広い　せまい　直営店

しゃかいか工場　しゅうまいはもともと中国の料理だよ。このしゅうまいを、そのまま売り出したのではなく、日本人のこのみに合うようにくふうを重ねたため、人気を集めるようになったんだ。

練習のワーク

教科書　76～81ページ　答え　8ページ

できた数　／10問中

おわったらシールをはろう

1 次のそれぞれの仕事のうち、新しい商品を研究・開発する人の仕事には㋐を、事務室ではたらく人の仕事には㋑を、製品を運ぶ人の仕事には㋒を書きましょう。

①(　　)新しいしゅるいのしゅうまいをつくり出そうとしている。
②(　　)店から受けた注文をまとめて、工場でつくるしゅうまいの数を決める。
③(　　)工場でつくられた製品を、トラックで店にとどける。
④(　　)決められた数のしゅうまいが、それぞれの店に時間どおりに運ばれているのかをかくにんする。
⑤(　　)原料や味つけをかえたりして、おいしいものに仕上げる。
⑥(　　)夏の時期は物がくさりやすいので、はやく運ぶようにする。

2 しゅうまい工場と地いきのつながりについて、次の文を読んで、あとの問いに答えましょう。

しゅうまい工場であまった製品は(　①　)。また、②リサイクルによって、ごみをへらすどりょくをしている。
横浜市は、港を中心にさかえてきたまちで、多くの外国人が住んでおり、③外国とのつながりの中で、名物のしゅうまいが生まれた。

(1)　①に入る文を、次からえらびましょう。(　　)
㋐　ひりょうなどにりようする
㋑　すべてもやしてすてている

(2)　②について、リサイクルされるものを、次から2つえらびましょう。(　　)(　　)
㋐　原料　㋑　製品をつめた箱　㋒　つつみ紙　㋓　しゅうまい

(3)　③のせつめいとして、正しいものを、次からえらびましょう。(　　)
㋐　中華街の人たちが食べていたしゅうまいを、そのままの味つけで売り出した。
㋑　中華街の人たちが食べていたしゅうまいをもとに、工場で味つけなどをくふうして売り出した。
㋒　地いきの店では売らず、外国向けに売り出したことで名物になった。

ポイント　**しゅうまいづくりは、地いきとむすびついている。**

勉強した日　月　日

まとめのテスト

2　工場ではたらく人と仕事

教科書　68～81ページ　答え　8ページ

よく出る **1** しゅうまいのつくり方　**しゅうまいができるまでの作業を、正しい順になるように、(　)に１～６の数字を書きましょう。**　1つ5点〔30点〕

㋐(　　)練り肉を皮でつつみ、しゅうまいの形にしてむす。

㋑(　　)しょう油などのふぞく品を箱につめる。

㋒(　　)ぶた肉、たまねぎ、ほたて貝の貝柱などの原料をじゅんびする。

㋓(　　)練り肉や皮をつくる。

㋔(　　)箱にしゅうまいをつめる。

㋕(　　)箱をほうそうする。

 **2** はたらく人が気をつけていること　 **次の絵は、安全なしゅうまいをつくるためのくふうを表しています。これらの絵が表していることを、あとからそれぞれえらびましょう。**　1つ5点〔25点〕

①(　　)　②(　　)　③(　　)

④(　　)　⑤(　　)

㋐　アルコールで手を消毒する。　㋑　きかいをあらう。

㋒　強い風で服についたかみの毛やほこりを取る。

㋓　しゅうまいの中にへんな物が入っていないかけんさする。

㋔　手をていねいにあらう。

3 原料の仕入れ　次の地図から読み取れることとして、正しいものには○を、あやまっているものには×を書きましょう。

1つ5点〔25点〕

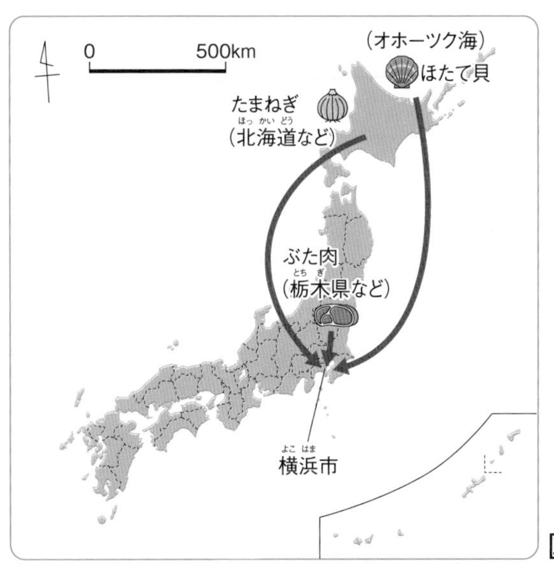

国内の原料の仕入れ先

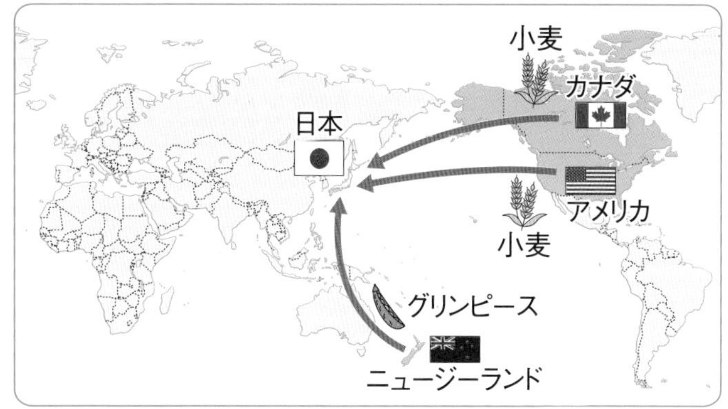

外国の原料の仕入れ先

①(　　　)ぶた肉は、国内から仕入れている。

②(　　　)グリンピースは、アメリカから仕入れている。

③(　　　)小麦は、１つの国から仕入れている。

④(　　　)ほたて貝は、オホーツク海でとれたものを仕入れている。

⑤(　　　)たまねぎは、栃木県から仕入れている。

考 **4** しゅうまいづくりでわかったこと　次の４人は、しゅうまいづくりを調べてわかったどの言葉について話していますか。あとの[　　]からえらびましょう。

1つ5点〔20点〕

①(　　　　)

しゅうまいの箱やつつみ紙を集めて、もう一度新しい紙につくりかえるんだよ。

②(　　　　)

食べた人が病気にならないよう、ばいきんやほこりを工場に持ちこまないようにしているよ。

③(　　　　)

はたらく人を朝と昼の２回に分けることによって、１日にたくさんの製品をつくれるよ。

④(　　　　)

工場が高速道路の出入り口に近いので、市内だけでなく広い地いきに運ぶことができるんだ。

分たん　出荷　研究・開発　リサイクル　えいせい　名物

勉強した日　月　日

もくひょう
地いきでつくられる野菜について調べてみよう。

おわったらシールをはろう

2　農家の仕事①

きほんのワーク

教科書 82～85ページ　答え 9ページ

1 地いきでつくられる野菜

（　）にあてはまる言葉を□から書きましょう。

●地元の野菜は、つくっている人の顔が見えて、①（　　　）できる。
●地いきで生産されたものを地いきの人が消費する考え方を②（　　　）という。
●地いきや市でとれた野菜は、学校の③（　　　）などにも使われている。
●農家や④（　　　）からちょくせつ買うことで野菜を⑤（　　　）ための時間や手間をへらせる。

給食　安心　地産地消　運ぶ　農協

2 学習問題をつくり、学習の見通しを立てよう

（　）にあてはまる言葉を□から書きましょう。

よみトク！地図　横浜市でつくられている主な作物

●こまつなは、市の⑥（　　　）の方で多くつくられている。
●なすは、市の⑦（　　　）の方で多くつくられている。
●市の⑧（　　　）の方では、牛を育てている。
●農家の人たちは、どのようにして⑨（　　　）を育てているのか、見学に行ったり、⑩（　　　）できいたりしてみる。

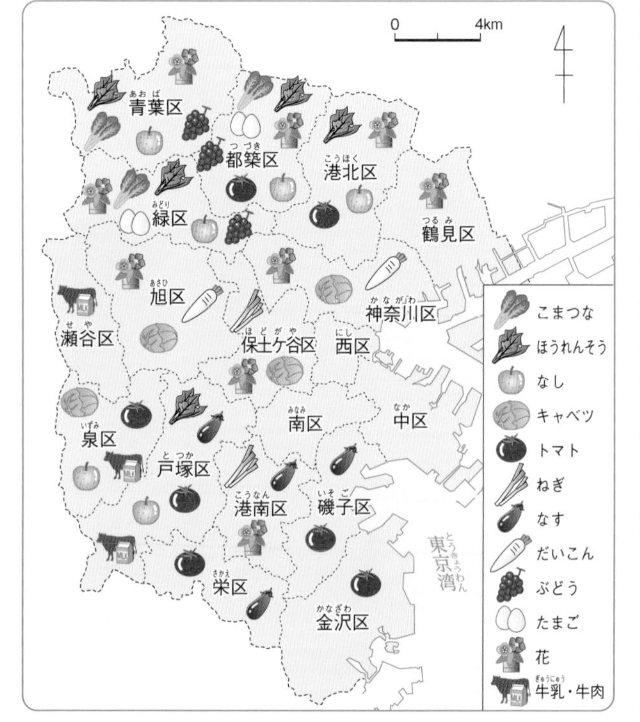

農家
野菜をつくったり、牛などを育てたりして、くらしを立てている家のこと。

野菜　メモ　北　南　西　東　山　手紙

しゃかい工場　農協は、農業協同組合を短くした言葉で、ＪＡともいうよ。農家どうしできかいやひりょうなどを買ったり、作物を売ったりして、おたがいに助け合っているんだ。

練習のワーク

教科書 82～85ページ　答え 9ページ

できた数　／10問中

おわったらシールをはろう

1 次の文を読んで、正しいものには○を、あやまっているものには×を書きましょう。

①(　　)地いきや市でとれた野菜は、給食に使われていない。

②(　　)農協(農業協同組合)とは、農家どうしで協力してきかいやひりょうを買うなどして、おたがいに助け合うしくみである。

③(　　)農家の人や農協からちょくせつ買うと、野菜を運ぶ時間や手間がふえる。

④(　　)地いきでとれた野菜は、つくられたかんきょうがわかりやすいので、安心して食べることができる。

2 野菜づくり調べの学習計画について話していることとして、正しいものには○を、あやまっているものには×を書きましょう。

①(　　)

広い土地でたくさんの作物を育てていると予想したよ。

②(　　)

野菜の育て方を中心に調べて、わたしたちとのつながりは調べないよ。

③(　　)

見学のときは、話をしずかにきくひつようはないよ。

④(　　)

見学して気づいたことやしつもんしたことはメモに取るよ。

3 次の文の(　　)にあてはまる言葉を、あとの[　]からそれぞれえらびましょう。

●右の「はま菜ちゃん」は、横浜市でつくられている野菜やくだものなどの①(　　　　)である。こまつなは、②(　　　　)のまわりでつくられることが多い。

キャラクター　地図記号　高い山　大きな都市

ポイント　地いきでは、さまざまな野菜がつくられている。

勉強した日 月 日

2 農家の仕事②

きほんのワーク

もくひょう：こまつなづくりのくふうを調べてみよう。

おわったらシールをはろう

教科書 86～89ページ　答え 9ページ

1 加藤さんの畑をたずねて

(　　)にあてはまる言葉を□から書きましょう。

●こまつなができるまで

①(　　　　) をたがやす

②(　　　　) でたねをまく

③(　　　　) をかけて育てる

④(　　　　) でしゅうかくする

●⑤(　　　　)を使って、寒い時期でも夏に育つ野菜を育てることができる。

ビニールハウス　手作業　シート　たねまきき　土

2 こまつなづくりのくふう

(　　)にあてはまる言葉を□から書きましょう。

よみトク！しりょう　こまつなづくりのくふう

たねまきのくふう	上手に育てるくふう	土づくりのくふう
●こまつなは、⑥(　　　　)が早いので1年に何度も育てることができる。 ●たねまきの時期を⑦(　　　　)ことで、つづけてしゅうかくできる。	●**シート**をかぶせて、葉を食べる⑧(　　　　)からこまつなを守ることができる。これにより、⑨(　　　　)をへらすことができる。	●地いきの人から植木のえだや馬のふんを集めて、⑩(　　　　)とよばれる**ひりょう**をつくる。ひりょうを土にまぜると元気でおいしい野菜に育つ。

害虫　成長　ずらす　たいひ　農薬

しゃかいか工場　きゅうりやトマト、なすなどは、寒さに弱い野菜なんだ。これらの野菜が一年中食べられるのは、ビニールハウスの中でも育てているからなんだよ。

1 こまつなづくりについて、次の絵を見て、あとの問いに答えましょう。

(1) 上の４まいの絵を、こまつなづくりの正しい順になるようにならべましょう。

（　　→　　→　　→　　）

(2) それぞれの絵は、何の仕事の様子ですか。次からえらびましょう。

あ（　　）　い（　　）　う（　　）　え（　　）

ア　こううんきで土をやわらかくする。

イ　たねまききで等しいかんかくでたねをまく。

ウ　シートをかぶせる。

エ　手作業でしゅうかくする。

(3) 次の文の｛　　｝にあてはまる言葉に、○を書きましょう。

① あの仕事の後に、｛ 農薬　たいひ ｝とよばれる自然のひりょうをまく。

② いの仕事によって｛ ばいきん　害虫 ｝からこまつなを守ることができる。

2 次の作物カレンダーから読み取れることとして、正しいものには○を、あやまっているものには×を書きましょう。

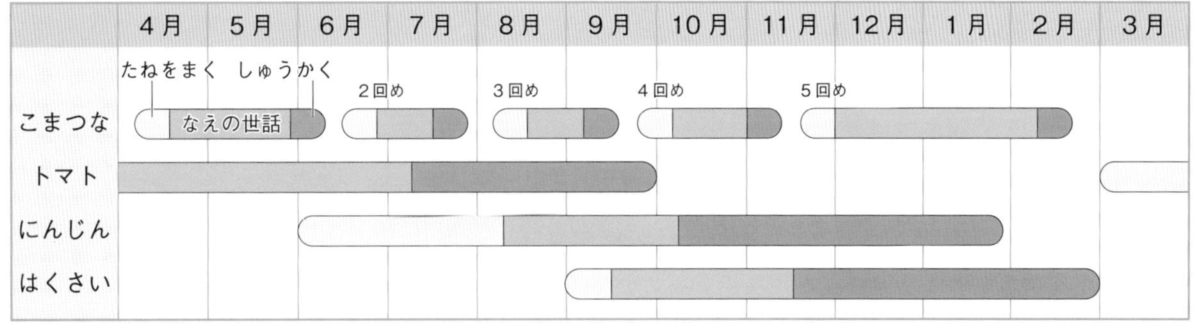

①（　　）こまつなは、１年に５回つくられている。

②（　　）トマトのしゅうかくは、７月から９月にかけて行われる。

③（　　）にんじんのたねまきは、８月ごろから始まる。

④（　　）はくさいのしゅうかくは、９月から11月にかけて行われる。

こまつなを育てるには、よい土づくりが大切。

勉強した日　　月　　日

2　農家の仕事③

もくひょう
こまつなは、しゅうかくされた後、どこへ行くのかをつかもう。

おわったらシールをはろう

きほんのワーク

教科書 90〜93ページ　答え 9ページ

1 こまつなはどこへ

（　　）にあてはまる言葉を［　］から書きましょう。

よみトク！しりょう　こまつなの出荷

●朝早く、家族で協力して①（　　　　）する

●テープでたばねて、②（　　　　）であらう

●③（　　　　）につみこみ、はやく出荷する

●市の④（　　　　）へ運ぶ → 各地のスーパーマーケットなどの店で売る。

●駅の近くにある⑤（　　　　）で売る

OX農園無人販売所

●農協の⑥（　　　　）で売る

トラック　青果市場　直売所　しゅうかく　むじんはんばい所　水

2 地いきとつながる野菜づくり

（　　）にあてはまる言葉を［　］から書きましょう。

●しゅうかくしたばかりの野菜を、⑦（　　　　）に買ってもらっている。

●⑧（　　　　）たちや、まちに住む人たちに農業を体けんしてもらっている。

●地元の作物を使った⑨（　　　　）に協力している。

●畑は、地いきのゆたかな⑩（　　　　）づくりに役立っている。

子ども　たねまき　かんきょう　料理教室　地元の人

しゃかいか工場　青果市場は、農家でつくられた作物を店に売るところ。市内の店だけでなく、市外や他の県から買いに来ることもあるよ。

練習のワーク

教科書 90～93ページ　答え 9～10ページ

できた数　／12問中

おわったらシールをはろう

1 こまつなの出荷についての話として、正しいものには○を、あやまっているものには×を書きましょう。

①(　　　)

しゅうかくした後は、1か月ほどおいてから、出荷するよ。

②(　　　)

農協の直売所では売らないんだ。

③(　　　)

市の青果市場へ運ばれた後、店で売られるよ。

④(　　　)

水であらってから、トラックにのせて出荷するよ。

⑤(　　　)

青果市場には、市外のお店や他の県のお店は買いに来ないよ。

⑥(　　　)

駅の近くのむじんはんばい所で売ることもあるよ。

2 地いきとつながる野菜づくりについて調べてわかったこととして、正しいものには○を、あやまっているものには×を書きましょう。

①(　　　)農業体けんは、子どもたちにはさせない。

②(　　　)しゅうかくしたばかりの野菜を、地元の人に買ってもらえるようにしている。

③(　　　)料理教室では、なるべく地元の野菜は使わないようにする。

④(　　　)畑は、地いきのゆたかなかんきょうづくりにも役立つ。

⑤(　　　)地元でとれた野菜をたくさん食べることは、「地産地消」を進めることにつながらない。

⑥(　　　)たいひをつくるため、地いきの人から木のえだや、馬のふんなどを集めている。

野菜づくりは、地いきのくらしとむすびついている。

まとめのテスト

2　農家の仕事

とく点　/100点

おわったらシールをはろう

時間20分

教科書 82～93ページ　答え 10ページ

1 こまつなづくり 次の問いに答えましょう。　⑵は10点、ほかは１つ５点（⑴は完答）〔50点〕

よく出る

⑴　次の文を、こまつなづくりの正しい順にならべましょう。

（　　）→（　　）→（　　）→（　　）→（　　）→（　　）

㋐　たねまききを使って、たねを等しいかんかくでまく。

㋑　手作業でしゅうかくする。

㋒　シートを外す。

㋓　たいひをまぜ、土を平らにする。

㋔　シートをかぶせる。

㋕　こううんきで土をやわらかくする。

記述

⑵　たねまきを何回かに分けて行う理由を、かんたんに書きましょう。

（　　　　　　　　　　　　　　　　）

⑶　あとの①～⑥の文は、次の**作物カレンダー**中のどの作物についてせつめいしたものですか。こまつなには㋐を、トマトには㋑を、にんじんには㋒を、はくさいには㋓を、それぞれ書きましょう。

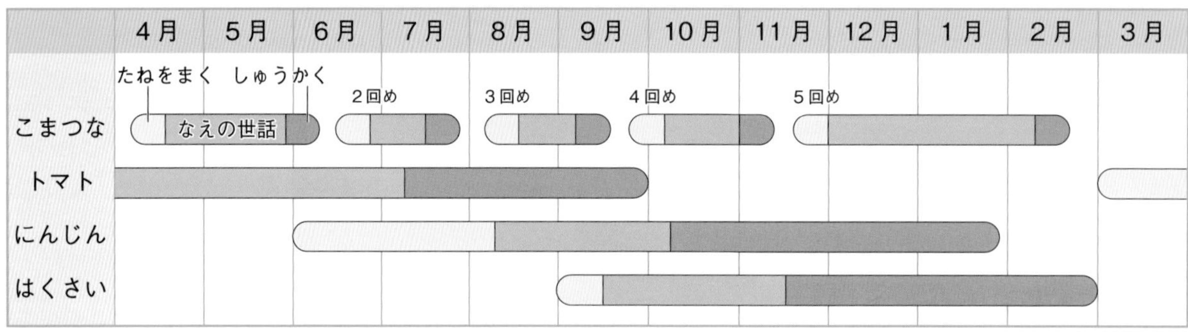

①（　　）１年に５回しゅうかくする。

②（　　）３月にたねをまく。

③（　　）10月から１月にかけてしゅうかくする。

④（　　）秋から冬にかけては農作業をしない。

⑤（　　）たねをまいてからしゅうかくするまでの期間がいちばん短い。

⑥（　　）11月から２月にかけてしゅうかくする。

⑷　右の**写真**のしせつは、寒い時期でも、夏に育つ野菜を育てることができます。このしせつを何といいますか。

（　　　　　　）

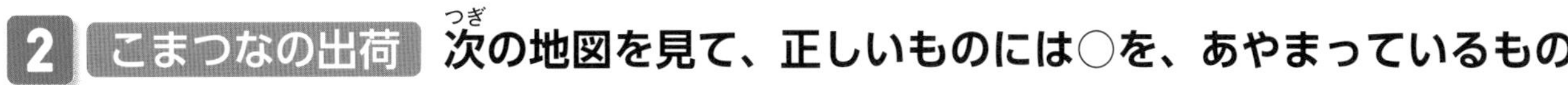

2 こまつなの出荷 **次の地図を見て、正しいものには○を、あやまっているものには×を書きましょう。**

1つ5点〔25点〕

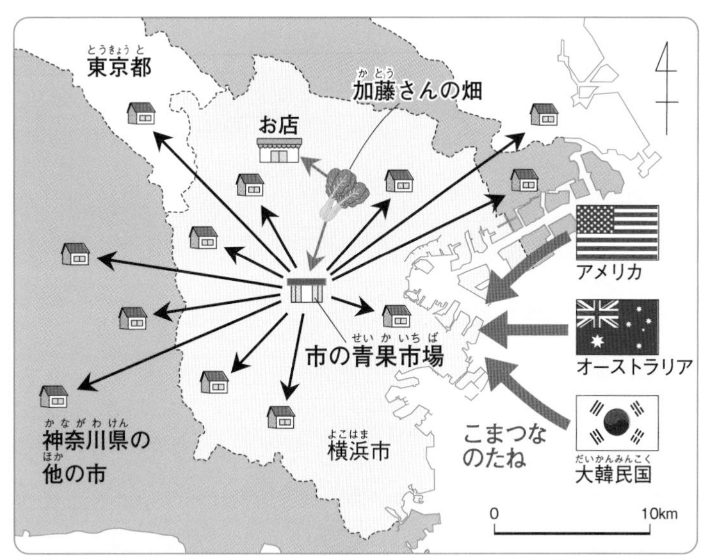

①(　　)畑でとれたこまつなは、県内のお店だけに運ばれる。

②(　　)外国からこまつなのたねが、運ばれている。

③(　　)市の青果市場に運ばれたこまつなは、他の市のお店にも運ばれる。

④(　　)畑でとれたこまつなは、畑からちょくせつ他の県や市に運ばれる。

⑤(　　)畑からこまつなをちょくせつ送られるお店は、横浜市内にある。

思考 **3 地いきとつながる野菜づくり** **農家の仕事と、それにかんけいの深い地いきとのつながりを、それぞれ線でむすびましょう。**

1つ5点〔25点〕

① ひつようなたねや道具をそろえる。	・	・	㋐ 小学生にしゅうかく体けんをしてもらう。
② たいひをつくる。	・	・	㋑ 地いきの農協で買う。
③ 野菜のしゅうかくをする。	・	・	㋒ 安心して給食の野菜を食べられる。
④ つくった野菜を市内の市場に運ぶ。	・	・	㋓「地産地消」で新せんなものが食べられる。
⑤ つくった野菜を地いきの学校に使ってもらう。	・	・	㋔ 地いきの人から木のえだや馬のふんを集める。

月　日

とくしゅう

きほんのワーク

もくひょう

グラフの読み取り方とつくり方を身につけよう。

おわったらシールをはろう

教科書 115、151ページ　答え 11ページ

1 グラフの読み取り方・つくり方

（　）にあてはまる言葉や数字を□から書きましょう。

よみトク！しりょう　グラフの読み取り方

ゆうまさんのクラスの人が住んでいる地区

30（人）、25、20、15、10、5、0
みどり地区 10　あお山地区 16　あか木地区 25　きいろ地区 8

●グラフの①（　　　　）を読み、何を表すグラフなのかたしかめる。右のグラフは、ゆうまさんの②（　　　　）が４つの地区にそれぞれ何人住んでいるかを表している。

●グラフのたてじくは、③（　　　　）を表している。

●グラフの横じくは、④（　　　　）を表している。

●一つ一つのグラフが表す人数を読み取る。グラフでは、みどり地区に住む人は⑤（　　　　）人である。

●グラフ全体を見ると、⑥（　　　　）地区に住んでいる人の数がもっとも多いことがわかる。

●グラフを年代順にくらべて、⑦（　　　　）を読み取ることができる。

●グラフ全体を見ると、火事の発生件数は2019年から2022年にかけて⑧（　　　　）いる。

グラフにまとめると、全体のけいこうがつかみやすいよ。

○○市の火事の発生件数のうつりかわり

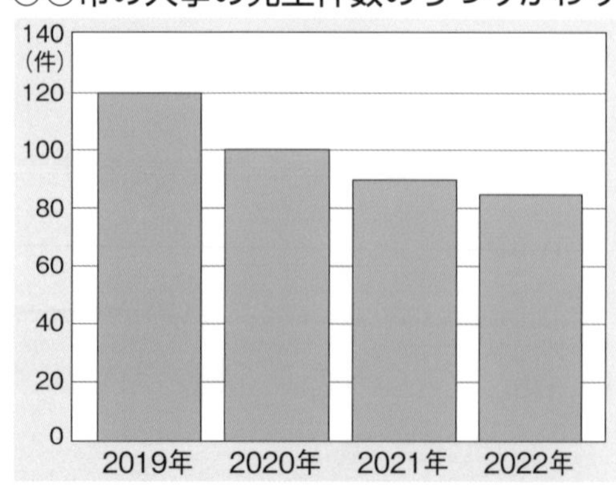

うつりかわり	住んでいる地区	タイトル	年	みどり
クラスの人	10	16	ふえて	へって
人数	あか木			

しゃかい工場　うつりかわりや数をしめした上のようなグラフをぼうグラフというよ。ほかにも円グラフや帯グラフなどのさまざまなしゅるいのグラフがあるよ。

練習のワーク

教科書 115、151ページ　答え 11ページ

1 右のグラフを見て、次の問いに答えましょう。

(1) 右のグラフのたてじくと横じくは、それぞれ何を表していますか。書きましょう。

たてじく（　　　　　）

横じく（　　　　　）

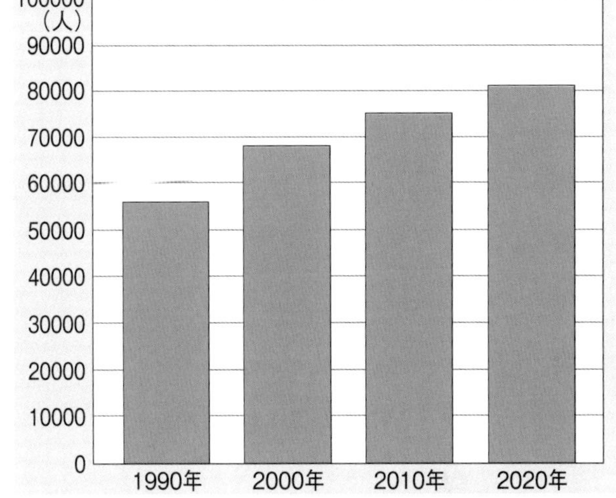

(2) グラフから読み取れることとして、正しいものには○を、あやまっているものには×を書きましょう。

①（　　）1990年の人口は、5万人をこえている。

②（　　）2020年の人口は、10万人をこえている。

③（　　）市の人口は、1990年からずっとふえている。

2 買い物調べについて、次の問いに答えましょう。

(1) 買い物調べをまとめた次の表をもとにして、グラフをかんせいさせましょう。

店	人数
八百屋さん	4
魚屋さん	2
文ぼう具屋さん	3
スーパーマーケット①	10
スーパーマーケット②	7
コンビニエンスストア①	6
コンビニエンスストア②	5

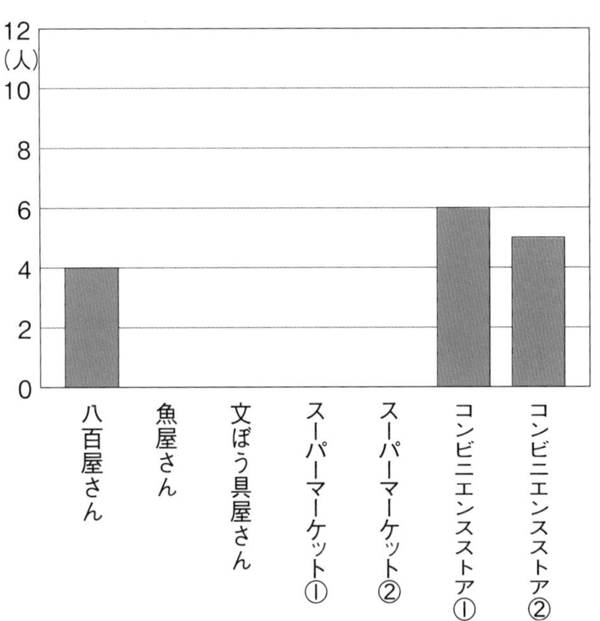

(2) 買い物に行った人数がいちばん多かった店に○を書きましょう。

㋐（　　）魚屋さん　㋑（　　）スーパーマーケット①

㋒（　　）スーパーマーケット②　㋓（　　）コンビニエンスストア①

グラフは、数やうつりかわりを表すのにべんり。

勉強した日　　月　　日

1　火事からまちを守る①

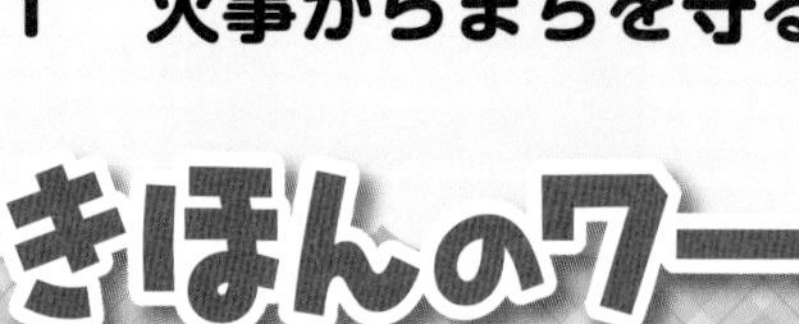

もくひょう
火事からまちを守るしくみを調べてみよう。

おわったらシールをはろう

教科書 96～101ページ　答え 11ページ

1 火事が起きたらどうなる／学習問題をつくり、学習の見通しを立てよう

（　　）にあてはまる言葉や数字を［　］から書きましょう。

- 火事が起きたら、①（　　　　　）、自分の身を守れるように心がける。
- 市内には、②（　　　　　）や消防しゅっちょう所がたくさんある。
- 学校で火事に気づいたら、すぐに③（　　　　　）に知らせて④（　　　　　）番に電話してもらう。
- 消防しょには、右の写真のように、⑤（　　　　　）がとまっている。

あわてず　消防しょ　119　先生　消防自動車

2 消防しょをたずねて

（　　）にあてはまる言葉を［　］から書きましょう。

よみトク！しりょう　消防自動車や防火服のひみつ

- 消防しょでは、ふだんの⑥（　　　　　）や、消防自動車や道具の⑦（　　　　　）はかかせない。

消防自動車（ポンプ車）のしくみ

⑧（　　　　　）　⑨（　　　　　）

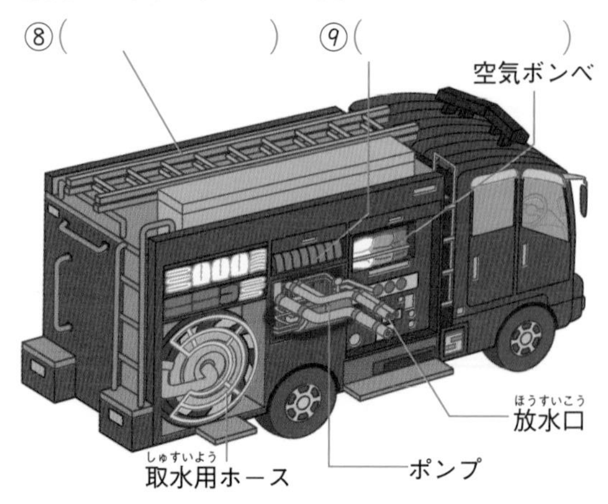

防火服のひみつ

- 防火服は、⑩（　　　　　）生地でつくられていて、消防士の体を守る。
- 防火ぐつの中に⑪（　　　　　）が入っていて、足を守る。

ヘルメット
防火服
マスク
防火ぐつ

点けん　ホース　もえにくい　鉄板　くんれん　はしご

しゃかいか工場　消防しょでは、いつでも出動できるように、消防自動車や救急車は道路に向けてとめられているよ。

練習のワーク

教科書 94〜101ページ　答え 11ページ

できた数 ／11問中　おわったらシールをはろう

1 次の問いに答えましょう。

(1) 右の**地図**を見て、正しいものには○を、あやまっているものには×を書きましょう。

①(　　)すべての区に消防しょがある。

②(　　)緑区には、１つの消防しょと、５つの消防しゅっちょう所がある。

③(　　)市民防災センターは、保土ケ谷区にある。

(2) 次の予想をたしかめるために調べることを、あとからえらびましょう。

(　　)

消防しょの人といっしょに、火事からまちを守る人がいるんじゃないかな。

㋐ 消防しょのせつびのくふう

㋑ 消防しょではたらく人の仕事

㋒ 地いきの人たちの取り組み

2 消防しょをたずねてわかったこととして、正しいものには○を、あやまっているものには×を書きましょう。

①(　　)通報を受けてから、いち早く現場に着くように、くんれんやそなえをしている。

②(　　)大きな火事のときでも、他の消防しょとは協力しない。

③(　　)消防自動車には、はしごやポンプなどが取りつけられている。

④(　　)防火ズボンと防火ぐつは、ばらばらにしまっている。

⑤(　　)防火服はもえにくい生地でつくられていて、消防士の体を守る。

⑥(　　)防火ぐつを軽くするため、うすい生地だけでつくられている。

⑦(　　)防火服やヘルメットなどでおよそ10kgの重さがある。

消防しょのせつびや道具にはくふうがある。

勉強した日　月　日

1 火事からまちを守る②

もくひょう
119番のしくみと消防しょの仕事をまとめてみよう。

おわったらシールをはろう

きほんのワーク

教科書 102〜105ページ　答え 11ページ

1 消防しょとさまざまな人のはたらき

（　）にあてはまる言葉や数字を［　］から書きましょう。

よみトク！しりょう　119番のしくみ

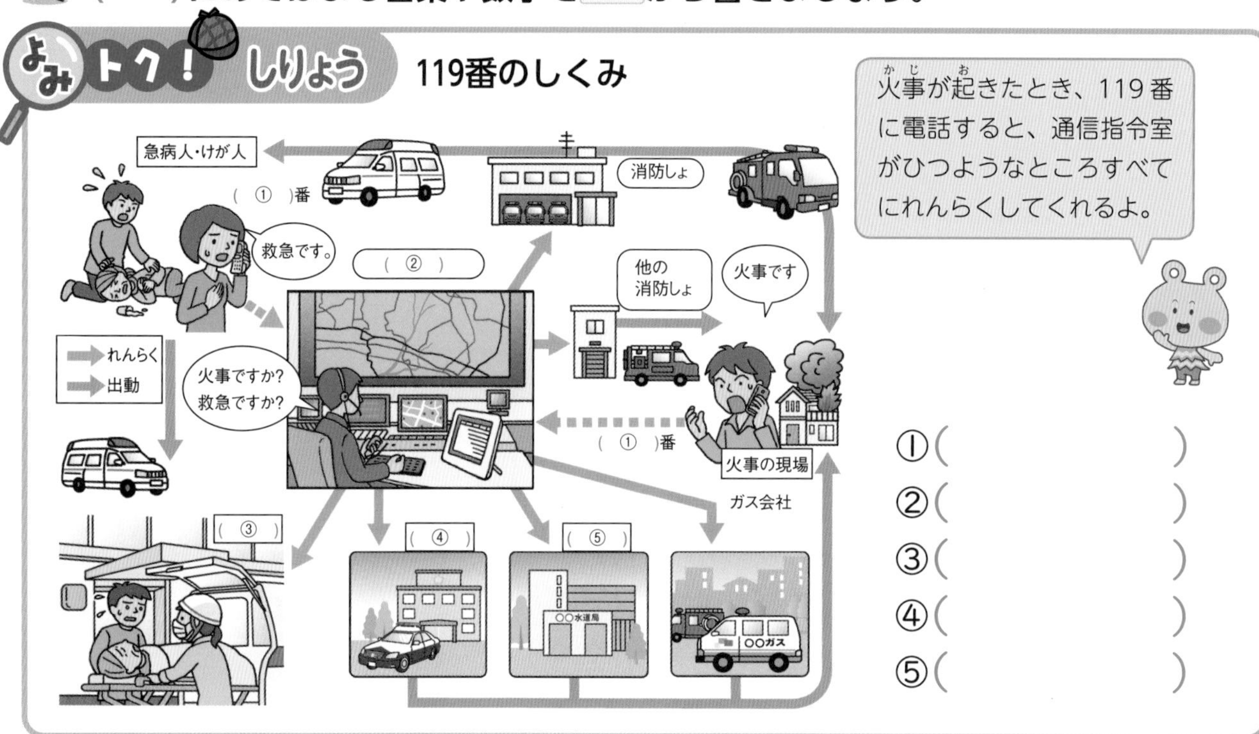

火事が起きたとき、119番に電話すると、通信指令室がひつようなところすべてにれんらくしてくれるよ。

①（　　　　）
②（　　　　）
③（　　　　）
④（　　　　）
⑤（　　　　）

けいさつしょ　病院　119　水道局　通信指令室

2 消防しょの1日

（　）にあてはまる言葉や数字を［　］から書きましょう。

- 消防しょの人は、消火などの出動がないときは、道具の⑥（　　　　）や救助の⑦（　　　　）をしている。
- 消防しょの人は、交たいしながら⑧（　　　　）時間きんむする。
- 地いきに出かけて、⑨（　　　　）のよびかけや、学校での⑩（　　　　）を行う。

点けん　12　24　防火しどう　くんれん　火災予防

救急車は、ふだんは消防しょにとまっているよ。出動指令が入ると、現場でけがをした人を病院へ運ぶよ。

練習のワーク

教科書 102～105ページ　答え 11～12ページ

できた数 ／12問中

おわったらシールをはろう

1 次の問いに答えましょう。

(1) 火事が起きたとき、通報するときの電話番号は何番ですか。

(　　　　)番

(2) 次の文中の(　　)にあてはまる言葉を□からえらびましょう。

地図　消防しょ　市役所

●通信指令室に電話が入ると、通報した人のいる場所の①(　　　　)がコンピューターの画面にうつし出される。通信指令室は、火事の場所をかくにんし、現場に近い②(　　　　)に出動の指令を出す。

(3) 火事の知らせを受けた通信指令室がれんらくするところと、その理由を線でむすびましょう。

① 電力会社　・　　・㋐ ガスに引火してばく発するのをふせぐため。
② 病院　・　　・㋑ けが人の受け入れをおねがいするため。
③ ガス会社　・　　・㋒ 切れた電線で感電するのをふせぐため。
④ けいさつしょ　・　　・㋓ 現場の水圧を上げてもらうため。
⑤ 水道局　・　　・㋔ 交通整理をしてもらうため。

2 次の問いに答えましょう。

(1) 右の**しりょう**を見て、次の文のうち、正しいものには○を、あやまっているものには×を書きましょう。

①(　　)24時間きんむする。
②(　　)火事がないときは休けいしている。
③(　　)夜も交たいでだれかが起きている。

消防しょの人の1日の仕事	
午前 8:30	前日にきんむした人と交たい。
9:30	せつびや道具の点けん。
午後 1:00	消火や救助のくんれん。
3:30	小学校で防火しどう。
7:30	パトロール活動
10:00	交たいでかみんをとる。
午前 6:00	起きて、そうじをする。
8:30	次にきんむする人と交たい。

(2) 消防しょの人が、人が多く集まるビルなどを立ち入りけんさするときにかくにんしていることを、次からえらびましょう。

(　　)

㋐ 病人やけが人がいないかどうか。
㋑ 火災予防をよびかけるポスターがはってあるかどうか。
㋒ いざというときに人々のひなんをさまたげるものはないか。

火事にかんするじょうほうの中心は、通信指令室。

勉強した日　月　日

1 火事からまちを守る③

もくひょう 消防せつびの役わりと消防団の活動をまとめてみよう。

おわったらシールをはろう

きほんのワーク

教科書 106～113ページ　答え 12ページ

1 学校の消防せつびを調べよう

（　）にあてはまる言葉を□から書きましょう。

よみトク！しりょう　学校の消防せつびのある場所

3階　トイレ　非常階段　音楽室
2階　トイレ　理科室
非常階段　1階　給食室　トイレ　げんかん　ポンプ室　保健室　校長室　職員室　体育館

（①）
（②）
けむり感知器
（③）
自動火災ほうちせつび
（④）
救助ぶくろ
ふつうの教室

①（　　）
②（　　）
③（　　）
④（　　）

●消火器や消火栓は、どの階にも⑤（　　）場所におかれている。

●防火せつびは、⑥（　　）の近くにある。

熱感知器　防火せつび　同じ　消火栓　階段　消火器　ちがう

2 地いきの人々の協力／火事からまちを守るはたらき

（　）にあてはまる言葉を□から書きましょう。

●⑦（　　）は、ふだんは他の仕事をしているが、火事が発生したときに消防しょと協力する。

●消火栓の近くには、右のような初期⑧（　　）があり、中に⑨（　　）などが入っている。

SDGs ●⑩（　　）が中心となって、けいさつしょや地いきの人たちなどと⑪（　　）し、火事からまちを守っている。

消火箱　消防しょ　協力　ホース　消防団

しゃかいか工場　消防団の人々は、火事の他にも、地震や水害などの災害が起きたときに、地いきの人々を助ける活動をするよ。自分たちのそうこをもっていて、消防の道具をしまっているんだ。

勉強した日　　月　　日

練習のワーク

教科書　106〜113ページ　答え　12ページ

1 次の消防せつびの名前を□からえらんで（　　）に書きましょう。また、それぞれのせつめいとしてあてはまるものを、あとからえらんで□に書きましょう。

①（　　　　）

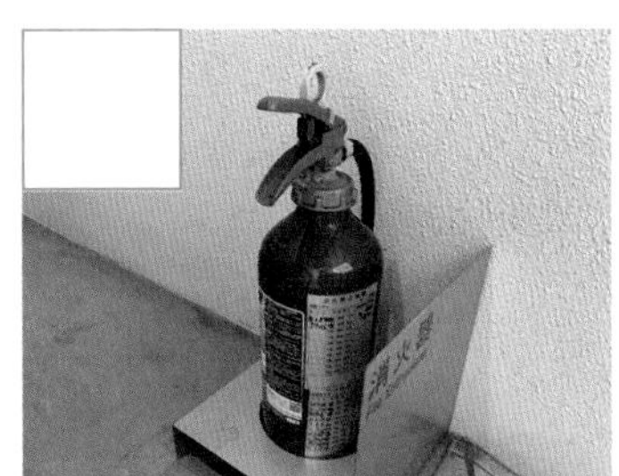

②（　　　　）

③（　　　　）

④（　　　　）

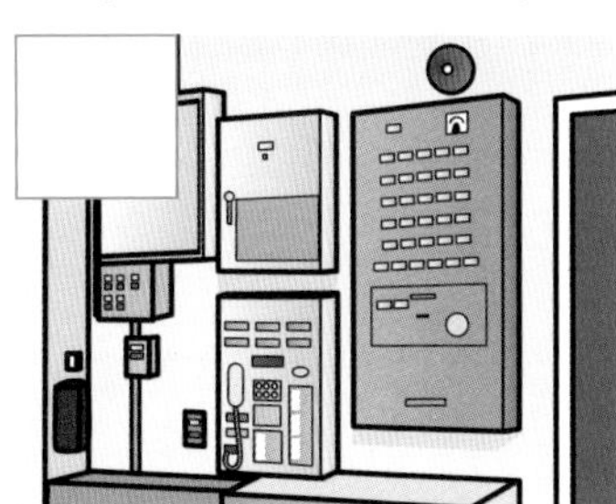

⑤（　　　　）

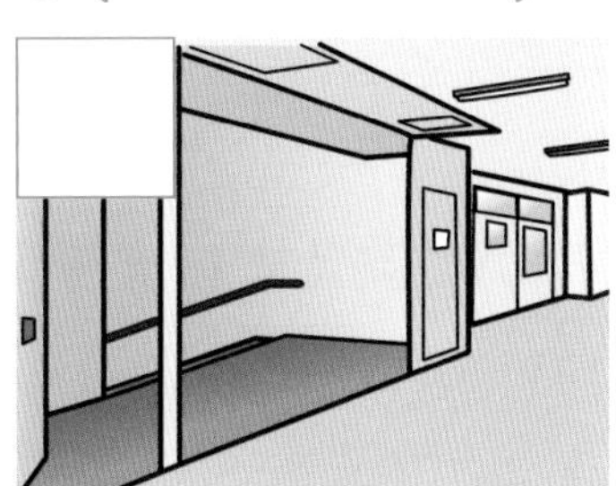

⑥（　　　　）

防火シャッター	消火栓	救助ぶくろ
けむり感知器	消火器	自動火災ほうちせつび

㋐ けむりを感知すると、音を出してまわりに知らせる。
㋑ 通路をふさぎ、火が広がらないようにする。
㋒ どこで火事が起きているかを、光や音で知らせる。
㋓ 火がもえ広がる前に消すことができる。
㋔ 高い所からでもにげられるように、通路となるふくろが入っている。
㋕ 中のホースを使って、消火に使う水を出すことができる。

2 消防団について、正しいものには○を、あやまっているものには×を書きましょう。

①（　　）ふだんは店や会社などで自分の仕事をしている。
②（　　）夜は交たいで消防しょにねとまりしている。
③（　　）消防の道具の点けんや消火のくんれんはしない。
④（　　）消防しょと協力して消火活動を行う。

消防団は消防しょの人と協力する。

まとめのテスト

勉強した日　月　日

1　火事からまちを守る

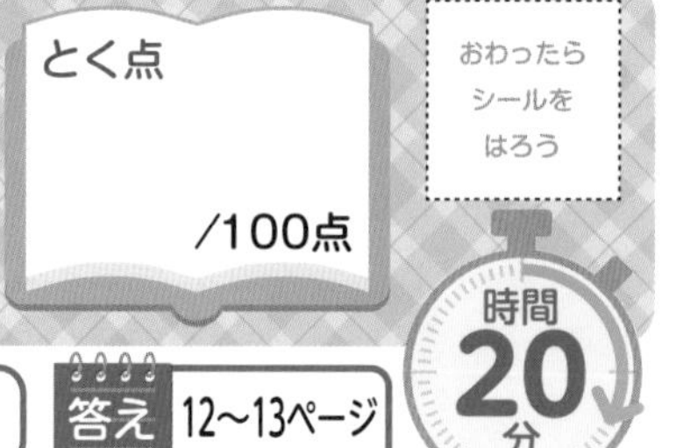

時間20分

教科書 94～113ページ　答え 12～13ページ

1 グラフの読み取り方　グラフを見て、次の問いに答えましょう。　1つ5点〔15点〕

作図 (1) 火事の件数がもっとも多かった年のぼうグラフを赤でぬりましょう。

作図 (2) 火事の件数がもっとも少なかった年のぼうグラフを青でぬりましょう。

(3) 2022年の火事の件数は、およそ何件ですか。

およそ(　　　　)件

ある市で起きた火事の件数

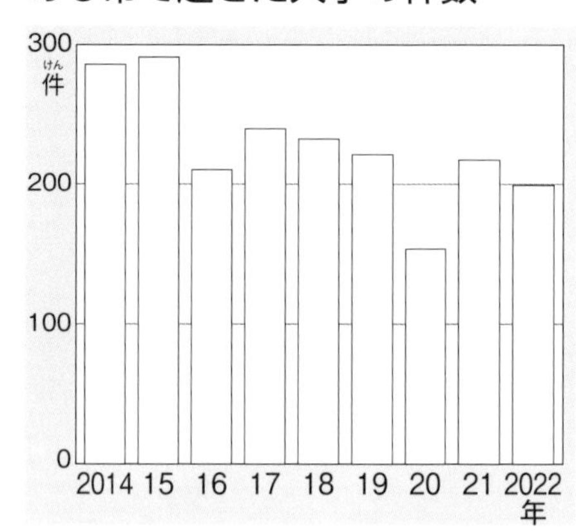

2 消防しょをたずねて　次の問いに答えましょう。　1つ5点〔15点〕

よく出る (1) 消防しょではたらく人について、正しく説明したもの2つに○を書きましょう。

㋐(　　)ふだんは会社や店などで自分の仕事についている。

㋑(　　)火事の通報を受けたら約1分で出動できるようにしている。

㋒(　　)小学校の消火活動のたんとう者を決めている。

㋓(　　)火から身を守るため、防火服やくつは重くてじょうぶだ。

記述 (2) 防火服をしめした右の**写真**の㋐には、どのような役わりがありますか。「熱」という言葉を使ってかんたんに書きましょう。

(　　　　　　　　　　　　　　　　)

3 消防しょとさまざまな人のはたらき　次の問いに答えましょう。　1つ5点〔25点〕

よく出る (1) 火事が起きたとき、何番に電話をすればよいですか。

(　　　　)番

(2) (1)の電話はどこにつながりますか。

(　　　　)室

(3) 次のうち、(2)かられんらくすることが多いところ3つに○を書きましょう。

㋐(　　)電力会社　㋑(　　)学校　㋒(　　)けいさつしょ

㋓(　　)農協　㋔(　　)病院

4 消防しょの1日　次の問いに答えましょう。　1つ5点〔30点〕

(1)　右の表からわかることとして、正しいものには○を、あやまっているものには×を書きましょう。

①(　　　)全員、2日れんぞくで休みを取っている。

②(　　　)全員、2日れんぞくで当番になっている。

③(　　　)毎日、2人以上が休みを取ることになっている。

④(　　　)毎日、2人以上が当番になるようになっている。

		1日め	2日め	3日め	4日め	5日め	6日め	7日め
		8:30	8:30	8:30	8:30	8:30	8:30	8:30 〜 8:30
〔一ぱん〕	高野さん	当番	非番	当番	非番	休み	休み	当番
	池田さん	当番	非番	休み	休み	当番	非番	当番
	島田さん	休み	休み	当番	非番	当番	非番	当番
〔二はん〕	中村さん	非番	当番	非番	休み	休み	当番	非番
	下条さん	非番	休み	休み	当番	非番	当番	非番
	奥野さん	非番	当番	非番	当番	非番	休み	休み

(2)　次の絵は、消防しょの人が毎日かかさず行っていることです。(　　　)にあてはまる言葉を書きましょう。

①せつびや道具の(　　　　　　)　　②消火や救助の(　　　　　　)

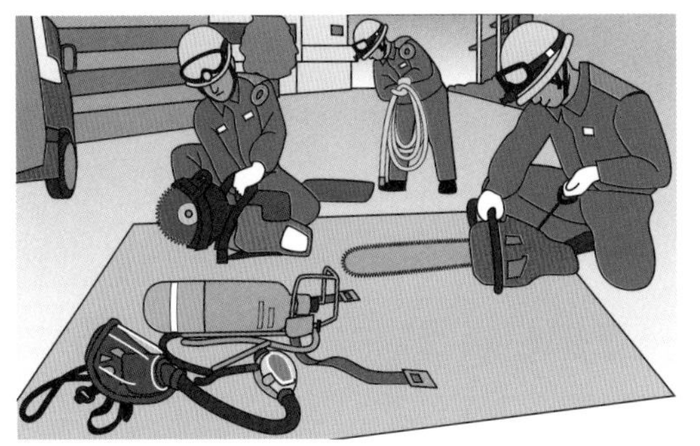

5 地いきの消防せつび　右の図を見て、次の問いに答えましょう。　1つ5点〔15点〕

(1)　★には、消火活動を行う地いきの組織が道具をおいているそうこがあります。この組織を何といいますか。

(　　　　　　)

(2)　次の①・②にあてはまるしせつを、図中からえらんで書きましょう。

①　もっとも多い消防しせつで、道路の上やすぐわきにおかれている。

(　　　　　　)

②　学校にあり、大量の水をためておけるので、冬でも水を入れている。

(　　　　　　)

勉強した日　月　日

2　事故や事件からまちを守る①

もくひょう
事故や事件からまちを守るしくみを調べてみよう。

おわったらシールをはろう

きほんのワーク

教科書 114～119ページ　答え 13ページ

1 事故が起きたら／学習問題をつくり、学習の見通しを立てよう

（　）にあてはまる言葉を□から書きましょう。

- 交通事故が起きると、現場では①（　　　）の人が取り調べをしたり、②（　　　）をする。
- 右のグラフを見ると、交通事故の件数は、2005年以降③（　　　）いることがわかる。
- 事故や事件が起きたときの**けいさつ**の仕事や、地いきの④（　　　）を守るそなえを調べる。

安全　けいさつ　ふえて　へって　交通整理

区の交通事故の件数のうつりかわり

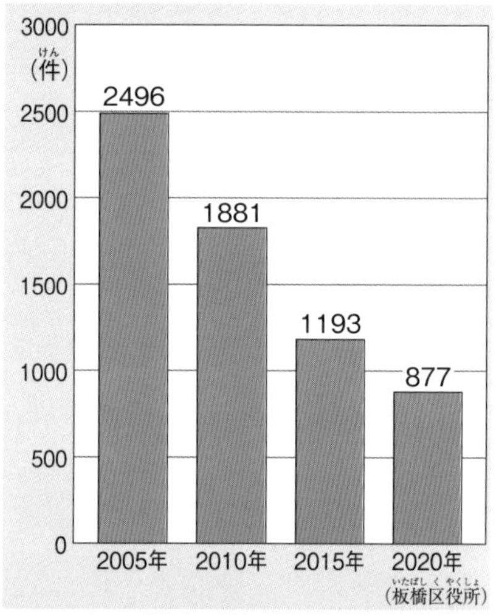

2 交通事故のしょり

（　）にあてはまる言葉や数字を□から書きましょう。

よみトク！しりょう　110番のれんらくのしくみ

- 事故が起きて⑤（　　　）番に通報するとけいさつ本部の⑥（　　　）につながる。
- **110番センター**から、けいさつしょや⑦（　　　）のけいさつかんにれんらくが入る。
- けが人がいる場合は、救急車を出動させるよう⑧（　　　）にれんらくが入る。
- 交通事故のしょりは、⑨（　　　）現場にかけつけることが大切。

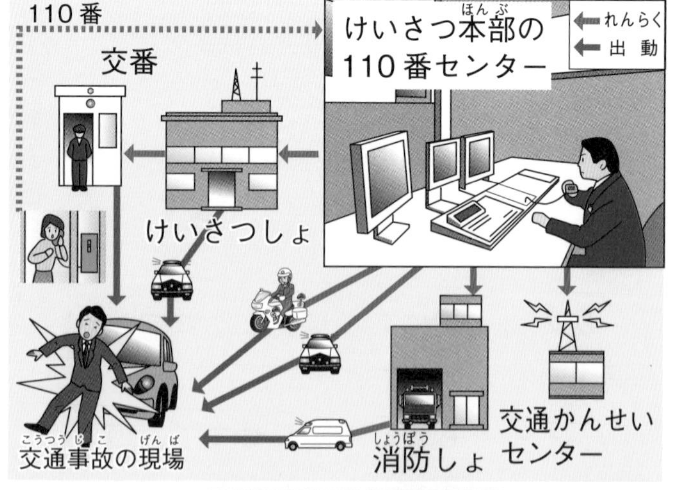

110番センターからかんけいする機関にれんらくがいき、協力して事故のしょりにあたるよ。

消防しょ　110番センター　110　交番　早く

しゃかいか工場　交通事故の件数は、い反の取りしまりやばつがきびしくなったことなどから、しだいにへってきているんだ。事故にあう人では、お年寄りが多いよ。

練習のワーク

教科書 114〜119ページ　答え 13ページ

できた数 ／10問中　おわったらシールをはろう

1 右のグラフのけがをした人の数について、正しいものには○を、あやまっているものには×を書きましょう。

①（　　）もっとも多いのは自動車に乗っているときである。

②（　　）自転車に乗っているときよりも、バイクなどに乗っているときのほうが多い。

③（　　）もっとも少ないのは歩いているときである。

④（　　）自転車に乗っているときは400人をこえている。

板橋区で起きた交通事故で、けがをした人の数

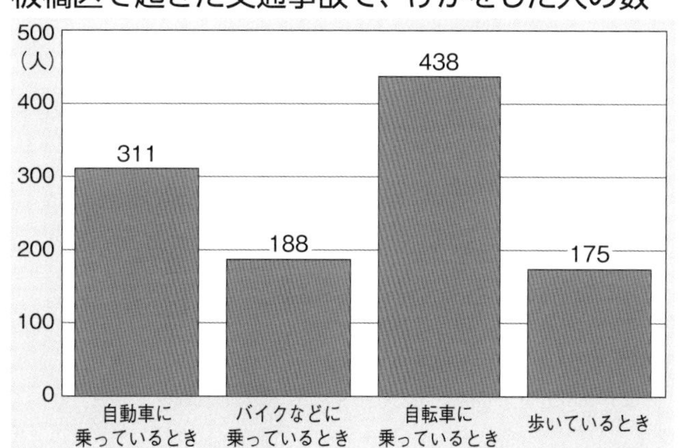

2 交通事故が起きたときにどうするかについて、次の問いに答えましょう。

(1) 交通事故を見た人が、けいさつに通報するときの電話番号は何番ですか。

（　　　　）番

(2) 次のせつめいにあてはまる言葉を、□からそれぞれえらびましょう。

① 近くの交番などから、現場にかけつける。（　　　　）

② けが人がいるとき、れんらくを受けて救急車を出動させる。（　　　　）

③ 交通事故の通報を受けて、ひつようなところにれんらくする。（　　　　）

学校　消防しょ　110番センター　病院　けいさつかん

(3) けいさつかんの、交通事故の現場での仕事にあてはまるもの2つに○をつけましょう。

㋐（　　）交通整理をする。

㋑（　　）消火活動を行う。

㋒（　　）救急車でけが人を病院へ運ぶ。

㋓（　　）現場の様子を調べたり、事故を見た人から話をきいたりする。

交通事故のしょりは、早く現場にかけつけることが大切。

勉強した日 月 日

2 事故や事件からまちを守る②

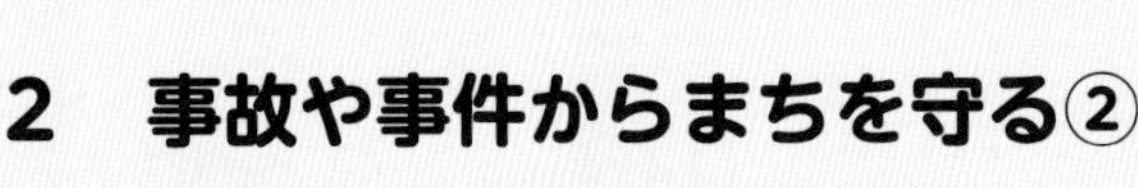

もくひょう
けいさつの仕事や学校のまわりについてまとめよう。

おわったらシールをはろう

教科書 120〜123ページ　答え 13ページ

SDGs 1 けいさつの仕事

（　）にあてはまる言葉を□から書きましょう。

●あやしい人がいないか
①（　　　）
を行う。

●小学校で
②（　　　）
を開く。

●きまりを守らない人の
③（　　　）
を行う。

●まよっている人に
④（　　　）
をする。

パトロール　交通しどう　道あんない　交通安全教室

2 学校のまわりを調べよう

（　）にあてはまる言葉を□から書きましょう。

よみトク！しりょう

学校のまわりの様子

●**見通しの悪い道路**でも安全をかくにんできるように、⑤（　　　）がある。
●歩道は⑥（　　　）で守られている。
●目の不自由な人が安心して歩けるように、⑦（　　　）がある。
●歩行者用の信号きには、⑧（　　　）式のものもある。
●⑨（　　　）も通れる歩道や、自転車のための⑩（　　　）もある。

おしボタン　点字ブロック　ひょうしき　自転車　カーブミラー　ガードレール

しゃかいか工場　交番は、駅前や車や人の多い道路ぞいなどにあり、こまったときに助けをもとめることができるよ。日本のしくみを「KOBAN」として取り入れている国もあるよ。

練習のワーク

教科書 120〜123ページ　答え 13ページ

できた数 ／12問中

おわったらシールをはろう

1 けいさつの仕事についての話のうち、正しいものには○を、あやまっているものには×を書きましょう。

①（　　）

自動車の取りしまりはするけど、自転車の交通しどうはしないよ。

②（　　）

道がわからなくてこまっている人がいたら、道あんないをするよ。

③（　　）

小学校で交通安全教室を開いて、交通ルールなどを教えているよ。

④（　　）

地いきのパトロールは夜にするので、昼はやらないよ。

2 次の問いに答えましょう。

(1) 交通事故をふせぐためのしせつと、そのはたらきを線でむすびましょう。

① ガードレール　・　　・㋐ 見通しの悪い道路や角で安全をかくにんできる。

② カーブミラー　・　　・㋑ 歩行者が安全に道路をわたることができる。

③ 点字ブロック　・　　・㋒ 歩道にいる歩行者を自動車から守る。

④ おしボタン式信号き・　　・㋓ 目の不自由な人が安心して歩ける。

(2) 自転車の交通ルールについて、次の文の（　　）にあてはまる言葉を、□からえらびましょう。

指示　ライト　ヘルメット　二人乗り　交差点

①（　　　　）をかぶる。

②（　　　　）はしない。

③ まわりが暗くなったら、（　　　　）をつける。

④ 信号やひょうしきの（　　　　）を守る。

けいさつの人は、まちの安全を守っている。

勉強した日　月　日

2　事故や事件からまちを守る③

もくひょう

事故や事件からまちを守るはたらきをまとめよう。

おわったらシールをはろう

きほんのワーク

教科書 124～127ページ　答え 14ページ

1 地いきの人の協力

（　　）にあてはまる言葉や数字を□から書きましょう。

●声をかけ合って①（　　　　　）をふせごうとしている。

●通学路の中に、こども②（　　　　　）番の家がある。

●③（　　　　　）は、学校やＰＴＡ、けいさつなどと地いきの④（　　　　　）会議を開いたり、夜にまちの⑤（　　　　　）をしたりしている。

こども110番の家

きん急のできごとが起きたとき、子どもが安心して助けをもとめることができる場所。

パトロール　事故や事件　町会　110　119　安全

2 事故や事件からまちを守るはたらき

（　　）にあてはまる言葉を□から書きましょう。

よみトク！ 地図　安全マップ

●安全な場所と⑥（　　　　　）な場所をカードでしめす。

●せまくて、⑦（　　　　　）のない道路や、まがっていて見通しの⑧（　　　　　）道路があることがわかる。

●登下校のとき、安全にかかわっている⑨（　　　　　）やきまりをたしかめる。

●自転車に乗るときは、⑩（　　　　　）で一時ていしする。

歩道が広く、人通りの多い道路。

せまくて歩道のない道路。

まがっているので、見通しのわるい道路。

おしボタンのついた信号き。

ゆうびん局

わたしたちの学校

木に囲まれていて外から中が見えにくい公園。

交番

0　50m

こども110番の家　カーブミラーのある場所　見守り隊の人が立っている場所

自転車も通れる歩道　安全な場所のカード　きけんな場所のカード

交差点　歩道　よい　わるい　きけん　安全　法

しゃかいか工場

地いきの人々がつくっている集まりには、「自治会」や「町内会」、「町会」などがある。地いきの人々は、さまざまな形で住みよいまちをつくる努力をしているんだ。

練習のワーク

教科書　124～127ページ　答え　14ページ

1 地いきの人々の取り組みについて、次の問いに答えましょう。

(1) 地いきの人々が事故や事件をふせぐために行っていることとして、正しいものには○を、あやまっているものには×を書きましょう。

①(　　)通学路に立って子どもたちの通学を見守る。

②(　　)駐車い反やスピードい反を取りしまる。

③(　　)地いきのパトロールを行う。

④(　　)自転車に乗るときの交通ルールを決める。

(2) 安全会議を開く目てきに○を書きましょう。

㋐(　　)交通事故の原因を調べるため。

㋑(　　)子どもたちの安全を地いきのみんなで守るため。

㋒(　　)商店街でお客さんが集まるイベントを考えるため。

2 安全マップのつくり方を、正しい順番にならべましょう。

地いきのきけんな場所をふり返る →①(　　)→②(　　)→③(　　)

㋐ 地いきの安全のためのしせつなどをふり返る。

㋑ 気づいたことをカードに書いて、白地図にはる。

㋒ それぞれの場所を、白地図にかき入れる。

3 右の安全マップを見て、次の問いに答えましょう。

(1) ①、②のカードが安全な場所を書いたカードの場合は青、きけんな場所を書いたカードの場合は赤でカードをぬりましょう。

(2) ●の「こども110番の家」はどんなところか、次からえらびましょう。

(　　)

㋐ けいさつの人がいる家。

㋑ 事故や事件が起きたとき、けいさつかられんらくが入る家。

㋒ いざというとき、助けをもとめられる家。

ゆうびん局
わたしたちの学校
① 人通りの少ない道路。
② 近くに交番があり、見守り隊の人もいる。
交番
0　50m
こども110番の家 ●
自転車も通れる歩道
カーブミラーのある場所
見守り隊の人が立っている場所

まちを守るため、地いきの人も協力している。

勉強した日　月　日

まとめのテスト

2　事故や事件からまちを守る

とく点　/100点

おわったらシールをはろう

時間20分

教科書 114～127ページ　答え 14～15ページ

1 事故が起きたら　**右の図を見て、次の問いに答えましょう。**　1つ5点〔20点〕

よく出る

(1) 事故が起きたときに電話をかける、あにあてはまる電話番号は何番ですか。

(　　)番

(2) 事故のれんらくを受けたいが行うことを2つ、うが行うことを1つ、次からそれぞれえらびましょう。

い(　　)(　　)

う(　　)

ア 救急車を出動させ、けが人を病院へ運ぶ。

イ パトロールカーを出動させる。

ウ 事故の原因を調べたり、交通整理をしたりする。

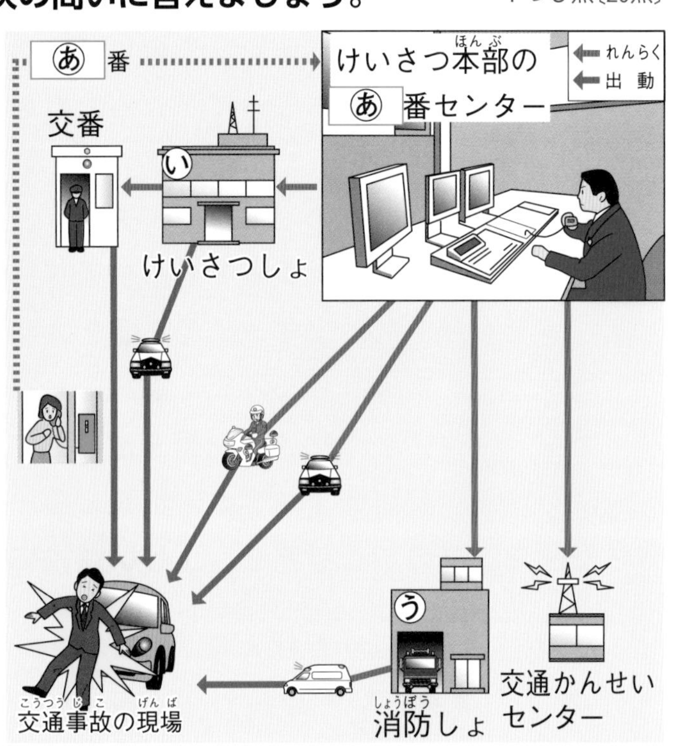

2 けいさつの仕事　**次の問いに答えましょう。**　1つ6点〔30点〕

よく出る

(1) 次の**絵**は何をしているところですか。あとからそれぞれえらびましょう。

①(　　)　②(　　)　③(　　)　④(　　)

ア 地いきのパトロール　　イ 交通しどう

ウ 小学校での交通安全教室　　エ 行き先の道をあんないする

思考

(2) 次の文中の(　　)にあてはまる言葉を、カタカナで書きましょう。

●自転車に乗るときは、ヘルメットをかぶる、夜にはライトをつけるなど、法や交通(　　　　)などのきまりを守ることが大切である。

3 事故をふせぐしせつ　次の問いに答えましょう。　1つ5点〔25点〕

(1) 次のしせつについてのせつめいを、あとからそれぞれえらびましょう。

①(　　　)　②(　　　)　③(　　　)　④(　　　)

㋐ 見通しの悪い道や角でも安全をかくにんできる。

㋑ 目の不自由な人が安心して歩ける。

㋒ 自転車と歩行者の通る道が分けられている。

㋓ ボタンをおすと、信号が青にかわる。

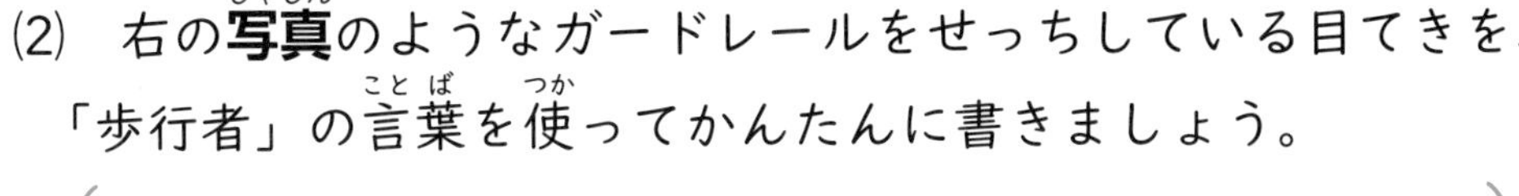

(2) 右の**写真**のようなガードレールをせっちしている目てきを、「歩行者」の言葉を使ってかんたんに書きましょう。

(　　　　　　　　　　　　　　　　　　　　)

4 地いきの取り組み　次の問いに答えましょう。　1つ5点〔25点〕

(1) けいさつしょや地いきの人々などが、子どもの安全を守るために話し合う会議を何といいますか。

地いきの(　　　　　　)

(2) 事件にまきこまれそうになったとき、助けをもとめることができる家や店にはられた表示を、右からえらびましょう。

(　　　)

㋐

㋑

㋒

(3) 次の文中の(　　)にあてはまる言葉を、[　　]からえらびましょう。

●駅前や人通りの多い交差点などにある①(　　　　　)のけいさつかんは、地いきの②(　　　　　)で安心なくらしを守るため、24時間仕事をしている。事故や事件をふせぐためには、けいさつしょと地いきの人々との③(　　　　　)がかかせない。

交番　　安全　　協力　　きけん　　タクシー　　法やきまり

勉強した日　月　日

1　かわる道具とくらし①

もくひょう・
身近な道具とくらしのうつりかわりに目を向けよう。

おわったらシールをはろう

きほんのワーク

教科書 130〜133ページ　答え 15ページ

1 昔の道具

（　）にあてはまる言葉を□から書きましょう。

● 昔は、①（　　）やきねを使い、②（　　）の力だけでおもちをついていた。

● 昔の道具について、学校の③（　　）で調べる。

よみトク！しりょう　昔の道具を調べる

ごはんをたく道具

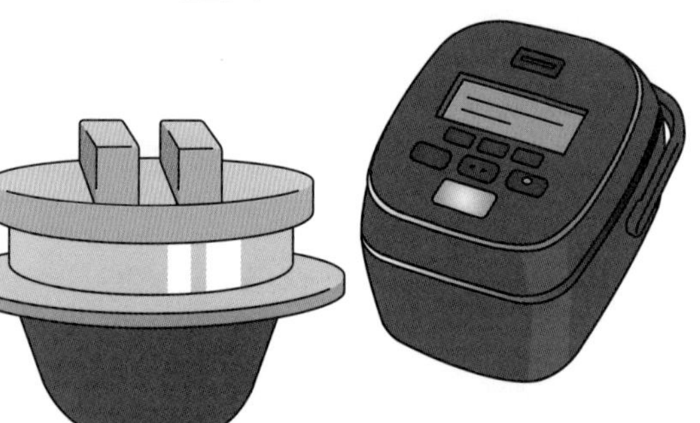

魚をやく道具

● 昔は④（　　）でごはんをたいていたが、今は⑤（　　）を使う。

● 昔は⑥（　　）で魚をやいたが、今は**IHクッキングヒーター**を使うことが多い。

かま　うす　郷土資料室　すいはんき　きかい　人　七輪

2 学習問題をつくり、学習の見通しを立てよう

（　）にあてはまる言葉を□から書きましょう。

● 昔は⑦（　　）を使って、だいずのこなをつくっていた。

● りょうりをつくるのに、昔は今よりも⑧（　　）や手間がかかった。

● 夜の⑨（　　）がろうそくしかなかったかどうかを調べる。

● 昔の道具は、上手に使うのに知恵や⑩（　　）がひつようである。

明かり　時間　石うす　こつ

しゃかいか工場　かまは、熱に強い鉄でつくられているよ。ふたは、中身がふきこぼれないように重い木でつくってあるよ。

練習のワーク

教科書 130〜133ページ　答え 15ページ

できた数　／11問中

おわったらシールをはろう

1 次の問いに答えましょう。

①

②

③

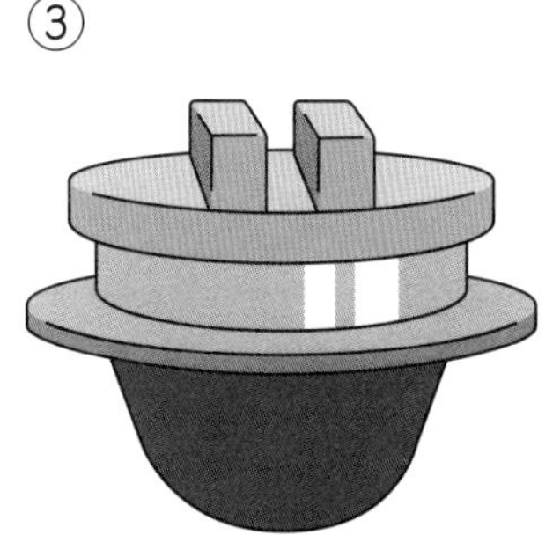

④

(1) ①〜④の道具の名前を、次からそれぞれえらびましょう。

①(　　) ②(　　) ③(　　) ④(　　)

㋐ かま　㋑ IHクッキングヒーター

㋒ すいはんき　㋓ 七輪

(2) ①〜④のうち、昔の道具を2つえらびましょう。(　　)(　　)

(3) ①〜④のうち、ごはんをたくための道具を2つえらびましょう。(　　)(　　)

2 次の問いに答えましょう。

(1) 昔の道具やくらしについて調べられる場所を、次からえらびましょう。

(　　)

㋐ 消防しょ　㋑ けいさつしょ　㋒ 郷土資料館

(2) 道具調べカードづくりについて、正しくせつめいしているものを、次から2つえらび、○を書きましょう。

①(　　)

道具の名前はよくわからないから、絵だけかけばいいね。

②(　　)

道具をどうやって使うのかも調べてカードに書きこもう。

③(　　)

道具をじっさいに使ってみて、気づいたことなどを書こう。

④(　　)

道具が使われていたのは全部昔だから、時期は調べないよ。

ポイント **昔の道具から、昔の人のくらしの様子がわかる。**

勉強した日　月　日

1　かわる道具とくらし②

きほんのワーク

もくひょう・
郷土資料館やインタビューでわかったことをまとめよう。

おわったらシールをはろう

教科書 134～137ページ　答え 15ページ

1 郷土資料館をたずねて

（　）にあてはまる言葉を□から書きましょう。

よみトク！しりょう　郷土資料館

- ①（　　　）では、昔のくらしの様子を調べることができる。
- ②（　　　）でできた道具やわらや竹、石を使った道具もある。
- 昔は、ごはんをたくのに、自分で火を起こして③（　　　）をもやしていた。
- ④（　　　）といういねからもみをとる道具が登場し、**明治時代**まで使われていた。
- 昔は、なべやかまをあたためるのに⑤（　　　）を使っていたが、やがて**ガスこんろ**が広まった。
- さまざまな⑥（　　　）が使われるようになり、生活がかわった。

木　電化せい品　かまど　千歯こき　郷土資料館　まき

2 昔のくらしをインタビューする

（　）にあてはまる言葉を□から書きましょう。

- おじいさんやおばあさんが子どものころ、電気すいはんきが使われ、食事を用意する時間が⑦（　　　）なり、ごはんを⑧（　　　）できるようになった。
- それまで白黒だった⑨（　　　）は、カラーでうつるようになった。
- お父さんやお母さんが子どものころ、テレビゲームや⑩（　　　）が登場した。
- 人々のくらしが⑪（　　　）になり、できることがふえた。

道具だけでなく、くらしも今とはちがっていたんだね。

コンピューター　テレビ　保温　べんり　短く　長く

しゃかいか工場　昔といっても、お父さん、お母さんが子どものころと、おじいさん、おばあさんが子どものころとでは、道具やくらしが大きくちがっているよ。

勉強した日  月　日

練習のワーク

教科書 134〜137ページ　答え 15ページ

できた数　／10問中

おわったらシールをはろう

1 次の問いに答えましょう。

(1) ①・②の道具の名前を、［　］から
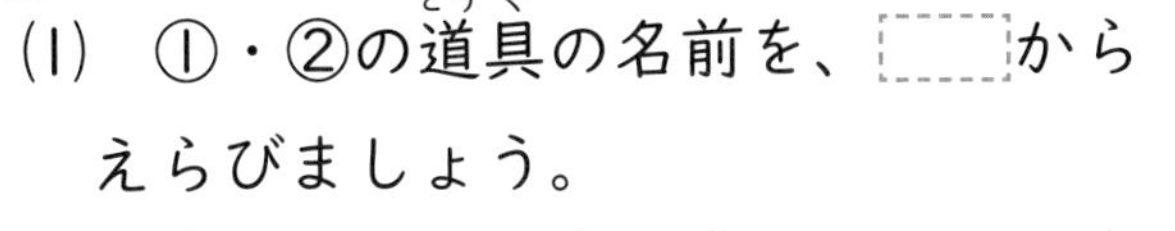
えらびましょう。

①(　　　　)②(　　　　)

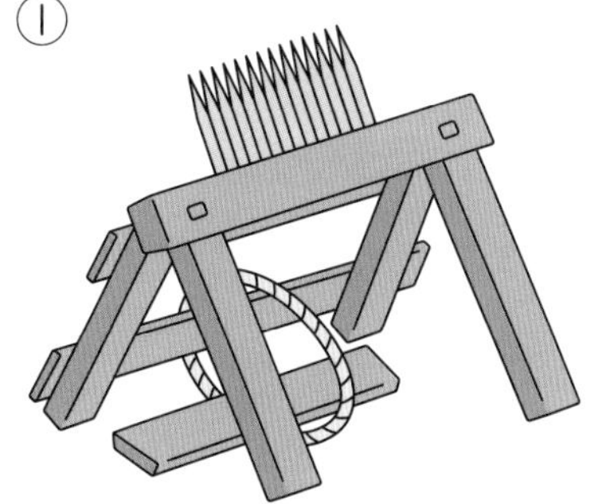

かま	千歯こき
かまど	石うす

(2) ①・②の道具の使われ方を、次からそれぞれえらびましょう。

①(　　)　②(　　)

㋐ 畑にたねをまく。　㋑ いねからもみをとる。

㋒ だいずのこなをつくる。　㋓ なべやかまをあたためる。

(3) 年号のうつりかわりについて、次の(　)にあてはまる年号を、［　］からそれぞれえらびましょう。

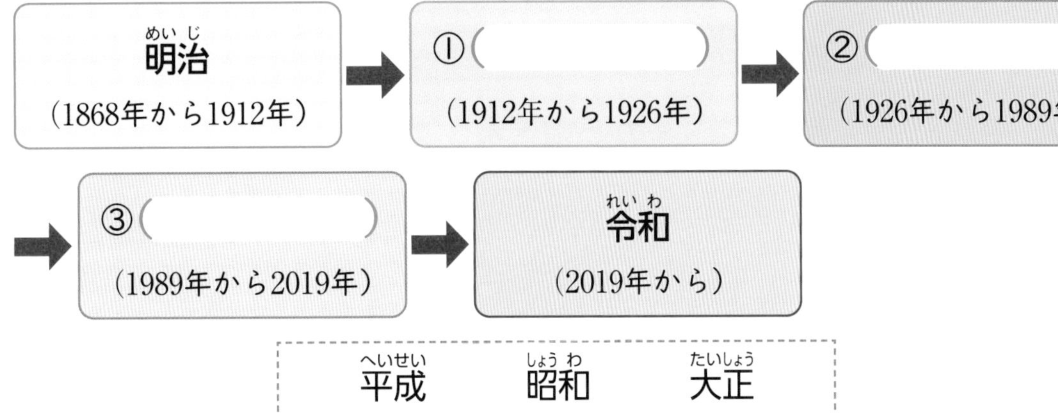

平成　昭和　大正

2 次の絵のうち、おじいさんやおばあさんが子どものころの様子には㋐を、お父さんやお母さんが子どものころの様子には㋑を、それぞれ書きましょう。

①(　　)　②(　　)　③(　　)

電化せい品が登場して、くらしはべんりになった。

勉強した日　月　日

1　かわる道具とくらし③

もくひょう
道具とくらしのうつりかわりを年表にまとめてみよう。

おわったらシールをはろう

教科書 138〜141ページ　答え 16ページ

1 かわってきたくらし

（　）にあてはまる言葉を□から書きましょう。

昔のせんたく

●家の①（　　　　）で、②（　　　　）を使って手であらっていた。

今のせんたく

●せんたくきでせんたくものを③（　　　　）であらったり、かわかしたりできる。あらい方やせんたくする④（　　　　）をえらぶことができる。

●せんたくなどの家事が⑤（　　　　）になり、他のことができるようになった。

●道具に⑥（　　　　）を使えて、くらしがべんりになった。

楽　せんたく板　自動　外　中　時間　電気

2 道具とくらしのうつりかわり

（　）にあてはまる言葉を□から書きましょう。

よみトク！しりょう　年表にまとめる

年代	約100年前 大正の年代	約100年前〜約30年前 昭和の年代		約30年前〜今 平成・令和の年代
道具				
くらし	・関東大震災が起きる	・井戸から⑦（　　　　）をくみ上げていた。 ・水道やガスが使われ始めた。	・電化せい品が出回り始め、テレビや⑧（　　　　）を持つ家がふえた。	・家で⑨（　　　　）などをして遊ぶようになった。 ・パソコンやスマートフォンで⑩（　　　　）をりようしている。

インターネット　せんたくき　テレビゲーム　水

しゃかいか工場　せんたく板とたらいを使ったせんたくでは、しゃがみながら１まいずつ手であらうので、つかれるし時間がかかるよ。

勉強した日　月　日

練習のワーク

教科書 138～141ページ　答え 16ページ

1 次の文を読んで、昔のくらしにあてはまるものには㋐を、今のくらしにあてはまるものには㋑を書きましょう。

①（　　）せんたく板とたらいでせんたくを行い、せんたく板のみぞに、あらう物を水や石けんといっしょにこすりつけてあらう。

②（　　）自動せんたくきを使ってせんたくを行い、せんたくものに合わせたあらい方をえらぶことができる。

③（　　）家事の時間が短くなったので、他のことをできる時間がふえた。

④（　　）家事に、多くの手間と時間がかかる。

⑤（　　）せんたくやすいじなどの家事を、ほとんど人の力でやる。

⑥（　　）いろいろな電化せい品にかこまれたくらしである。

2 道具やくらしのうつりかわりを調べてわかったことをまとめた年表について、次の問いに答えましょう。

(1) **年表**のらんを、右のように分けました。道具のらんに、次の絵をかきます。あてはまるらんの記号を、それぞれ書きましょう。

①（　　）レコードプレーヤー

②（　　）けいたい音楽プレーヤー

③（　　）CDプレーヤー

	おじいさん、おばあさんが生まれ育ったころ（およそ50～70年前）	お父さん、お母さんが生まれ育ったころ（およそ20～40年前）	わたしたちが生まれ育ったころ（およそ10年前から今まで）
道具	㋐	㋑	㋒
くらしの様子	㋓	㋔	㋕

(2) くらしの様子のらんに、次の**絵**をかきます。あてはまるらんの記号を、それぞれ書きましょう。

(3) 年号が昭和から平成にかわったのは、㋓・㋔・㋕のどこですか。（　　）

時代とともに、道具やくらしは変化してきた。

まとめのテスト

1　かわる道具とくらし

とく点　/100点

おわったらシールをはろう

時間 20分

教科書 130〜141ページ　答え 16ページ

1 昔の道具　次の道具について、あとの問いに答えましょう。 1つ5点〔40点〕

①
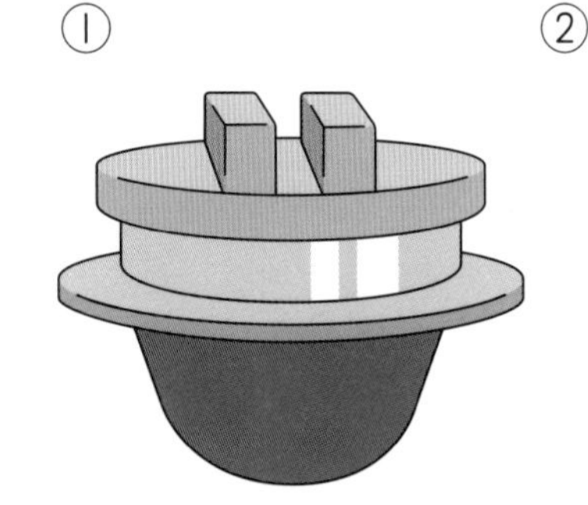
②
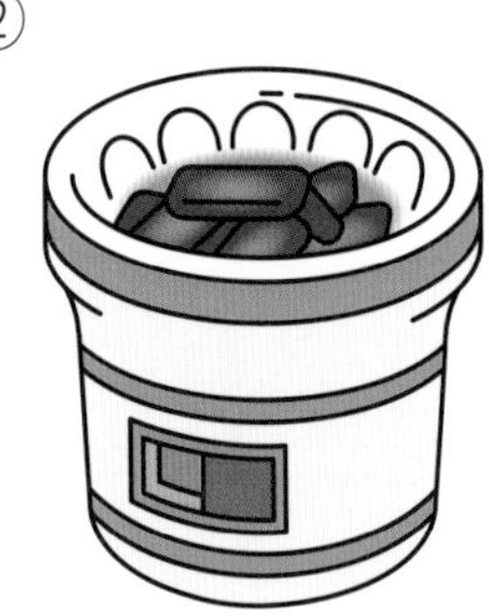
③
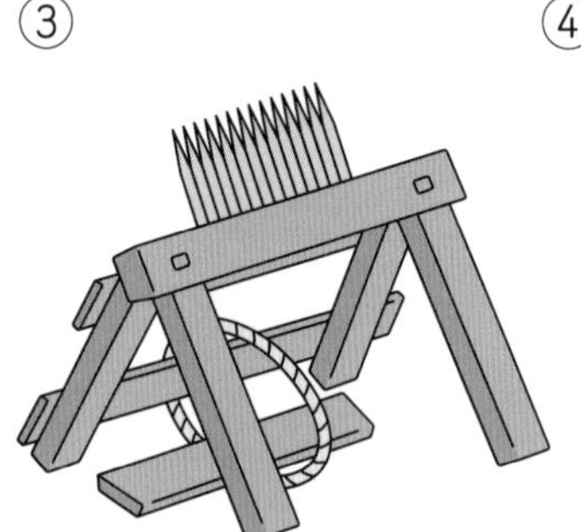
④

(1)　①〜④の道具の名前を、［　］から書きましょう。

①(　　　　)　②(　　　　)
③(　　　　)　④(　　　　)

七輪　かま
千歯こき　石うす

(2)　①〜④の道具の使い方を、次からそれぞれえらびましょう。

①(　　)　②(　　)　③(　　)　④(　　)

㋐　魚をやくときなどに使う。
㋑　人の力でだいずをひいて、こなにするときに使う。
㋒　お米と水を入れて、かまどでごはんをたくときに使う。
㋓　いねからもみをとるときに使う。
㋔　音楽をきくときに使う。

2 かわってきたくらし　次の問いに答えましょう。 1つ5点〔30点〕

(1)　次の文を読んで、おじいさん、おばあさんが子どものころの様子には㋐を、お父さん、お母さんが子どものころの様子には㋑を、それぞれ書きましょう。

①(　　)家の中で、友だちとテレビゲームをして遊んだ。
②(　　)家の前の道路などで、友だちとめんこをして遊んだ。
③(　　)それまで白黒テレビだったが、はじめてカラーテレビを見た。
④(　　)学校のプリントがコンピューターでつくられるようになった。
⑤(　　)ごはんを電気すいはんきでたいて、保温もできるようになった。

記述

(2)　道具がかわったことによって、せんたくやそうじ、食事のじゅんびなどの家の仕事をする時間や手間は、どのようにかわりましたか。かんたんに書きましょう。

(　　　　　　　　　　　　　　　　)

3 道具とくらしのうつりかわり **次の問いに答えましょう。** 1つ5点(完答)〔10点〕

(1) 次の**絵**は、せんたくをする道具をしめしています。道具が使われた古い順に記号を書きましょう。 (　　➡　　➡　　)

㋐

㋑

㋒
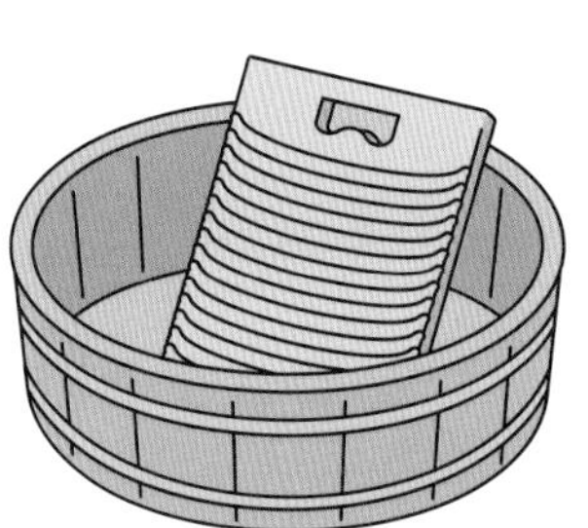

(2) 次の**絵**は、音楽をきく道具をしめしています。道具が使われた古い順に記号を書きましょう。 (　　➡　　➡　　)

㋐

㋑
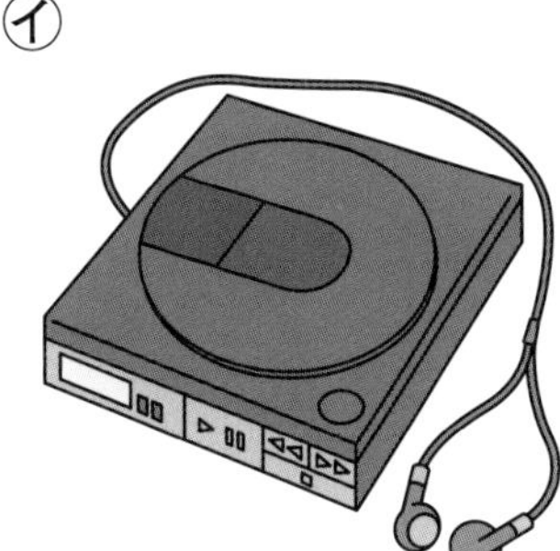

㋒
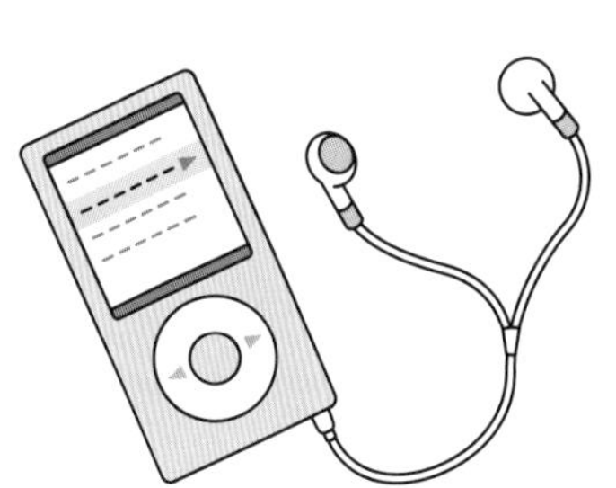

4 年表をつくる **年表づくりのせつめいとして、正しいものには○を、あやまっているものには×を書きましょう。** 1つ5点〔20点〕

①(　　)

年表をつくると、道具やくらしのうつりかわりがよくわかるね。

②(　　)

年表は、起きたできごとをすきな順にならべた表のことだよ。

③(　　)

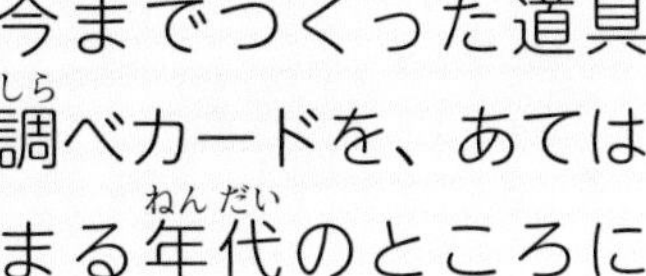

今までつくった道具調べカードを、あてはまる年代のところにはるよ。

④(　　)

それぞれの年代のくらしの様子など、調べてわかったことを書き入れるよ。

2 市のうつりかわり①

きほんのワーク

勉強した日 月 日

もくひょう
かわるまちの様子を調べる計画を立てよう。

おわったらシールをはろう

教科書 142～145ページ 答え 17ページ

1 かわるまちの様子

（　）にあてはまる言葉や数字を□から書きましょう。

よみトク！ しりょう 新横浜駅の昔と今の様子

- 昔の様子を見ると、①（　　　）の列車が今のものとちがう。
- 昔は、駅前に②（　　　）があった。
- 今は、高い③（　　　）がたくさんたっている。
- 駅は、おばあさんが子どものころの④（　　　）年につくられた。

ビル　田んぼ　新幹線　1964　2018

2 学習問題をつくり、学習の見通しを立てよう

（　）にあてはまる言葉を□から書きましょう。

- 横浜市は、まわりの町や⑤（　　　）と合わさって、今の大きさになった。
- 市が広がるにつれ、⑥（　　　）がふえ、田んぼや畑だった所が⑦（　　　）地になった。
- 学校などの⑧（　　　）が整えられてきた。
- 市のうつりかわりは、写真や地図の他に市の⑨（　　　）を調べるとよい。

人口
地いきに住む人の数のこと。

公共しせつ　人口　村　年表　住たく

しゃかいか工場 新横浜駅がつくられた1964年には、同じ年に開かれた東京オリンピックに合わせて東海道新幹線が開通したよ。

練習のワーク

教科書　142〜145ページ　答え　17ページ

できた数　／10問中

おわったら シールを はろう

1 **右の写真は、1964年と2018年に、同じ所から見たある鉄道の様子です。この写真について、正しいものには○を、あやまっているものには×を書きましょう。**

①(　　　)今の鉄道は、昔とは全くちがう所につくられている。

②(　　　)昔は、駅のまわりに高いビルがたくさんたっていた。

③(　　　)昔と今では、駅のまわりの様子はかわっている。

2 **次の問いに答えましょう。**

(1)　市の広がりのうつりかわりをしめした次の**地図**を、古い順にならべましょう。

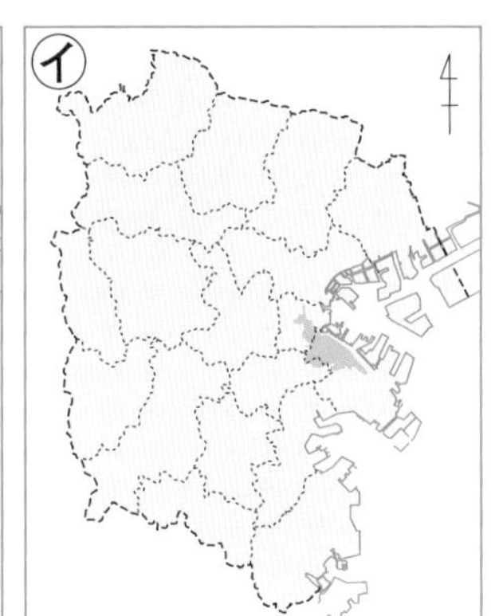

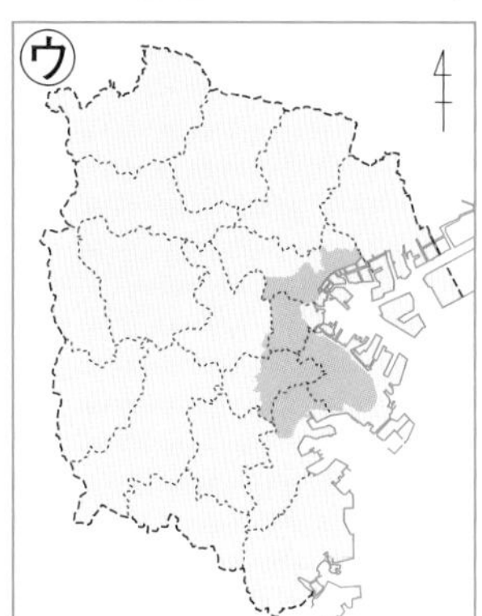

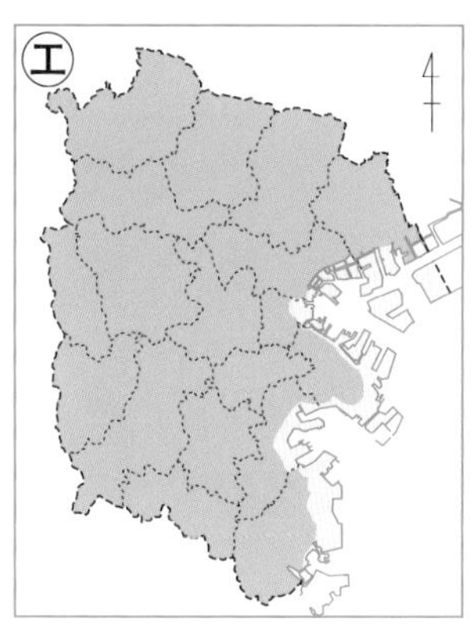

①(　　　)➡②(　　　)➡③(　　　)➡④(　　　)

(2)　学習問題について予想したことと、それをたしかめるために調べることを、それぞれ線でむすびましょう。

①　鉄道の他に、道路も整えられてきたと思う。・　　・㋐　人口のうつりかわり

②　学校や公園が、新しくつくられてきたと思う。・　　・㋑　公共しせつのうつりかわり

③　市に住む人の数がふえてきたのではないだろうか。・　　・㋒　交通のうつりかわり

昔と今では、まちの様子はかわっている。

勉強した日　　月　　日

2　市のうつりかわり②

もくひょう　交通や土地の使われ方、人口のうつりかわりをまとめよう。

おわったらシールをはろう

きほんのワーク

教科書　146～151ページ　答え　17ページ

1 交通はどのようにかわったのかな

（　　）にあてはまる言葉を□から書きましょう。

よみトク！地図　昔と今の交通のうつりかわり

●新横浜駅が開業した後、市営①（　　　　　）や道路が整えられた。

●昔は②（　　　　　）電車が通っていた。

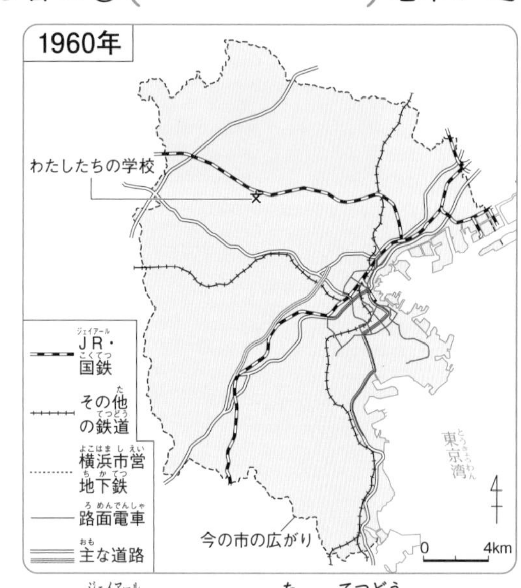

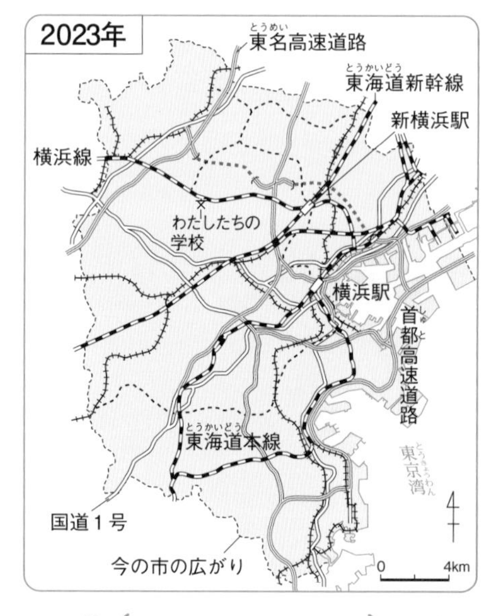

●今はＪＲ線やその他の鉄道など、多くの③（　　　　　）が走っている。

●東名④（　　　　　）ができてべんりになった。

高速道路	地下鉄	電車	自動車	船	路面

2 土地の使われ方はどのようにかわったのかな／人口はどのようにかわったのかな

（　　）にあてはまる言葉を□から書きましょう。

●各地で開発が行われ、山林や⑤（　　　　　）だった所が住たく地や⑥（　　　　　）になり、海ぞいでは、⑦（　　　　　）が進められた。

●昔と今をくらべると、緑が⑧（　　　　　）、住たく地が⑨（　　　　　）。

●港北⑩（　　　　　）などがつくられて、市の人口がふえた。

工場	へって	ふえた	畑	うめ立て	公園	ニュータウン

しゃかいか工場　東名高速道路の「東名」は、「東」京と「名」古屋の間をむすぶことからつけられたよ。

練習のワーク

教科書 146〜151ページ　答え 17ページ

できた数　／10問中

おわったらシールをはろう

1 次の地図についてせつめいしたあとの文を読んで、正しいものには○を、あやまっているものには×を書きましょう。

①（　　　）昔も今も緑の多い所はかわらない。

②（　　　）海ぞいに緑の多い所が集まっている。

③（　　　）昔にくらべ、今は緑がへってきた。

④（　　　）わたしたちの学校のまわりは、昔にくらべて緑がふえた。

⑤（　　　）昔は、市の西がわの多くが緑だった。

2 横浜市の人口のうつりかわりをしめした右のグラフを見て、次の文中の（　　）にあてはまる数字や言葉を［　　］からそれぞれえらびましょう。

● 市が始まった1889年の人口はおよそ①（　　　　）万人だったが、②（　　　　）年には200万人をこえた。

● 人口は③（　　　　）つづけ、2020年にはおよそ④（　　　　）万人となり、1889年のおよそ⑤（　　　）倍となった。

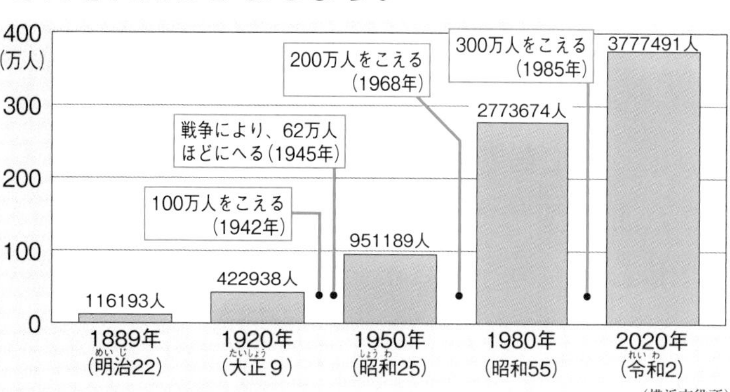

3	8	12	30	272
378	1968	1945	ふえ	へり

ポイント 交通がべんりになると、人口がふえる。

2 市のうつりかわり③

もくひょう
公共しせつのうつりかわりをまとめて年表をつくろう。

おわったらシールをはろう

きほんのワーク

教科書 152〜157ページ　答え 17ページ

1 公共しせつはどのようにかわったのかな

(　　)にあてはまる言葉を□から書きましょう。

よみトク！ 地図　まちの地いきケアプラザ

●地いきケアプラザは、赤ちゃんから①(　　　　)まで、だれもが②(　　　　)して地いきでくらすためのしせつ。③(　　　　)が中心になって整えてきた。

●公共しせつをつくったり、運えいしたりするために、市民の④(　　　　)が使われている。

1997年　2023年
わたしたちの学校
今の市の広がり
東京湾
●地いきケアプラザ

●地いきケアプラザは、昔は少なかったが、今は市の⑤(　　　　)に広がってたくさんある。

ぜいきん　全体　お年寄り　小学校　安心　市役所

2 年表を書き足そう／年表を見て話し合おう

(　　)にあてはまる言葉を□から書きましょう。

●これまで調べてきた交通、⑥(　　　　)の使われ方、⑦(　　　　)、公共しせつのうつりかわりを年表にまとめてみる。

●⑧(　　　　)の年代に港北ニュータウンの開発が始まり、平成の年代には⑨(　　　　)地区の開発が進んだ。

SDGs ●市役所では、だれにでもやさしい⑩(　　　　)やかんきょうを考えた都市づくりを目標にして仕事をしている。

人口　大正　昭和　まちづくり　みなとみらい　土地

しゃかいか工場　みなとみらい地区は横浜港に面した地いきで、大きなビルやホテル、ホールなどが計画てきにたてられているよ。

練習のワーク

教科書 152〜157ページ　答え 17〜18ページ

できた数 ／12問中

おわったら シールを はろう

1 市の公共しせつについてせつめいした次の文を読んで、正しいものには○を、あやまっているものには×を書きましょう。

①(　　)公共しせつには、赤ちゃんからお年寄りまで、だれもが安心して地いきでくらすためのしせつもある。

②(　　)公共しせつをつくるときに、市役所はほとんどかかわらない。

③(　　)公共しせつをつくったり運えいしたりするのにぜいきんが使われている。

④(　　)お年寄りのための公共しせつの数はふえているが、お年寄りの数は昔にくらべてへっている。

2 次の年表中の□にあてはまる内ようをあとからえらびましょう。また、(　　)にあてはまる年号を書き、年表をかんせいさせましょう。

年代	1920年 大正の年代	昭和の年代	1970年	1990年 (　　　)の年代	令和の年代
交通	●路面電車が市内を走る。	①	●東名高速道路が開通した。	●横浜港が開かれてから150年となる。	
土地の使われ方	●田んぼや山林などの緑が広い。	●海ぞいの地いきで、うめ立てが進む。	●港北ニュータウンの開発が始まる。	②	●住たく地が広い。
人口	●人口はおよそ42万人。 ●戦争により人口が62万人ほどにへる。	●人口が200万人をこえる。	③	●外国人はおよそ6万人(2002年)。	●外国人はおよそ9万人(2018年)。
公共しせつ	●山下公園がつくられる。	●小学校や中学校が多くつくられる。		④ ●よこはま動物園ズーラシアが開園する。	

①(　　)　②(　　)　③(　　)　④(　　)

㋐ 地いきケアプラザがつくられるようになる。　㋑ 人口が300万人をこえる。

㋒ 新幹線の新横浜駅がつくられる。　㋓ みなとみらい地区の開発が進む。

3 次の文の(　　)にあてはまる言葉を、あとの□からそれぞれえらびましょう。

今後、市の人口は①(　　　　)いくと考えられています。これにより、たとえば、近くに②(　　　　)がない人や、電車や③(　　　　)が通っていない人のくらしについて、考えるひつようがあります。

公共しせつ　へって　ふえて　バス　交流

さまざまなかかわりから市の様子はかわっていく。

勉強した日　月　日

まとめのテスト

2　市のうつりかわり

教科書　142〜157ページ　答え　18ページ

1 かわるまちの様子　次(つぎ)の図についてせつめいしたあとの文を読んで、正しいものには○を、あやまっているものには×を書きましょう。　1つ5点〔25点〕

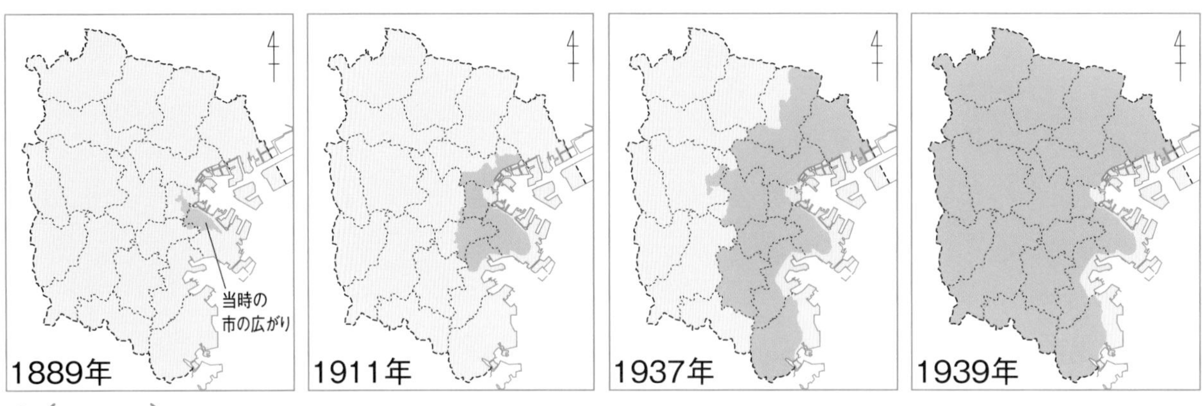

①(　　　)市は、しだいに小さくなっている。

②(　　　)市は、海に近い地いきからしだいに広がってきた。

③(　　　)1937年には、1911年にくらべて市が東西(とうざい)に大きく広がった。

④(　　　)1939年には、海に面(めん)した地いきをのぞいて今の市とほぼ同じ大きさになった。

⑤(　　　)1889年には、海に面した地いきの全(すべ)てに市が広がっていた。

2 土地の使われ方のうつりかわり　次の問(と)いに答えましょう。　1つ5点〔25点〕

(1)　右の**図**を見て、次の文の{　　}の正しい言葉(ことば)に○を書きましょう。

1こ分は、長さ1kmの線にかこまれた四角形の広さ。

●2022年の田んぼの広さは、1951年にくらべておよそ①{ 37 ・ 47 }こ分②{ ふえた ・ へった }。

●2022年の住(じゅう)たく地の広さは、1951年にくらべておよそ③{ 181 ・ 279 }こ分④{ ふえた ・ へった }。

昔(むかし)と今の田んぼの広さ

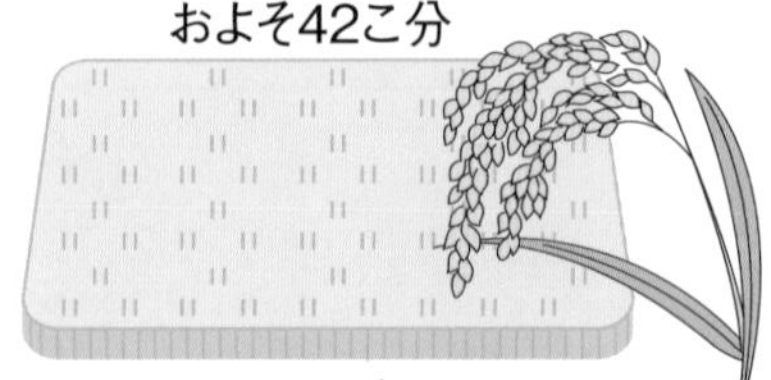

昔と今の住たく地の広さ

およそ50こ分
1951年
およそ231こ分
2022年

（横浜(よこはま)市役所）

記述　(2)　土地の使(つか)われ方が**図**のようにかわっているのは、なぜだと思いますか。かんたんに書きましょう。

(　　　　　　　　　　　　　　　　　　　　)

3 人口のうつりかわり　次の問いに答えましょう。

1つ5点〔20点〕

(1)　右の年表について、正しくせつめいしているもの2つに○を書きましょう。

年	横浜市の人口のうつりかわり
1889年	市の始まり。人口はおよそ12万人。
1920年	人口はおよそ42万人。
1942年	100万人をこえる。
1945年	戦争により、およそ62万人にへる。
1951年	もう一度、100万人をこえる。
1968年	200万人をこえる。
1985年	300万人をこえる。
2020年	およそ377万人となる。

㋐（　　　）市が始まって30年くらいで、人口はおよそ30万人ふえた。

㋑（　　　）戦争があったが、人口はへらなかった。

㋒（　　　）1951年に、はじめて人口が100万人をこえた。

㋓（　　　）1985年には、人口が300万人をこえた。

(2)　次の文の（　　　）にあてはまる言葉や数字を、あとの［　　］からそれぞれえらびましょう。

●1970年にくらべると、2022年の子どもの数は①（　　　　　）、お年寄りの数は、およそ②（　　　）万人ふえたことがわかる。

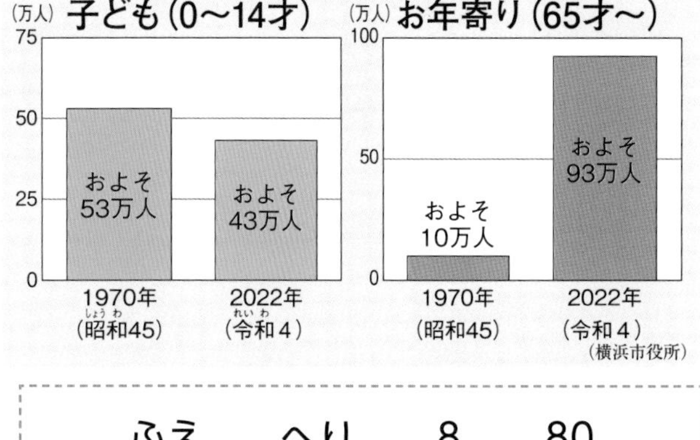

ふえ　　へり　　8　　80

4 市のこれから　左の市役所が立てた目標と、右のこれからの市への人々のねがいを、それぞれ線でむすびましょう。

1つ6点〔30点〕

① だれにでもやさしいまちづくり・

② かんきょうを考えた都市づくり・

③ 外国とのかんけいづくり・

④ 地いきのよさを生かしたまちづくり・

⑤ 安全で安心なまちづくり・

・㋐ 地いきで昔からつたわるまつりをしょうかいしてほしいな。

・㋑ 地いきの防火せつびを整えてほしいな。

・㋒ かんきょうによい電車やバスを使ってほしいな。

・㋓ しょうがいのある人にとってもべんりなまちにしてほしいな。

・㋔ 外国の人と気軽に交流できる場所があるといいな。

勉強した日　　月　　日

もっと知りたい うつりかわる地いき

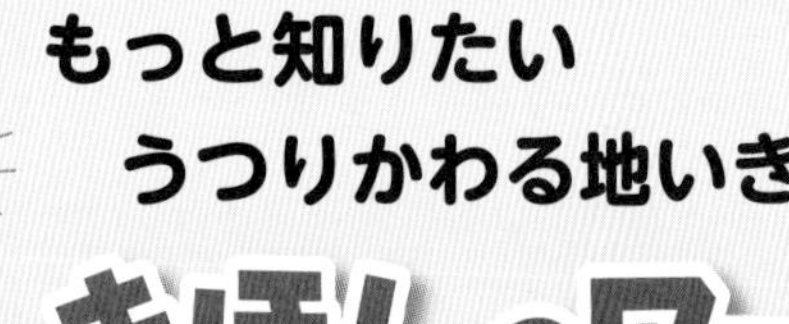

もくひょう
地いきのうつりかわりをまとめてみよう。

おわったらシールをはろう

教科書 158〜159ページ　答え 18ページ

うつりかわる地いき

（　　）にあてはまる言葉を□から書きましょう。

交通と地いき

●岐阜県岐阜市では、自動車を使う人がふえ、2005年には①（　　　　）電車がなくなった。

●そこで、②（　　　　）が中心になって、「ぎふっこバス」の運行を始めた。このような交通の手だては③（　　　　）とよばれ、多くの市町村で取り入れられている。

土地の使われ方と地いき

●大分県大分市の海ぞいの地いきには、広大な④（　　　　）がつくられている。ここには、⑤（　　　　）の光をりようして電気をつくる大きな⑥（　　　　）がある。

●たくさん電気を使う⑦（　　　　）が近くにあるので都合がよい。

人口と地いき

●全国のほとんどの市町村では、人口は⑧（　　　　）つづけている。

●⑨（　　　　）の数がへると店は仕事をつづけられなくなるため、自動車を使った⑩（　　　　）のりようが広がっている。

工場	路面	客	いどうはんばい車	市役所	太陽
うめ立て地	コミュニティバス	発電所	ふえ	へり	

しゃかいか工場　買った品物を、家まではいたつしてくれるサービスを始めたスーパーマーケットもあるよ。

練習のワーク

できた数 ／10問中

おわったら シールを はろう

教科書 158〜159ページ　答え 18〜19ページ

1 「ぎふっこバス」について、次の問いに答えましょう。

(1) 岐阜県岐阜市で、鉄道をりようする人がへったこととかんけいが深いものを、次からえらびましょう。（　　）

㋐ 駅まで歩く人がふえた。

㋑ 自分の自動車を使う人が多くなった。

㋒ 近くに空港ができた。

(2) 「ぎふっこバス」の運行を中心になって始めたのはどこですか。次からえらびましょう。（　　）

㋐ 地元のデパート　㋑ 病院　㋒ 市役所

2 大分県大分市のメガソーラーについて、正しいものには○を、あやまっているものには×を書きましょう。

①（　　）海ぞいの地いきは、主にメガソーラーをつくるためにうめ立てられた。

②（　　）メガソーラーは、太陽の光をりようして電気をつくる。

③（　　）メガソーラーは、広くて平らな土地ができしている。

④（　　）近くに電気を使う工場がなかったので都合がよかった。

3 人口と地いきのうつりかわりについての話として、正しいものには○を、あやまっているものには×を書きましょう。

①（　　）

全国のほとんどの市町村では、人口がへりつづけているよ。

②（　　）

人口がへりつづけても、お店がなくなってしまうおそれはないよ。

③（　　）

地いきで買い物がつづけられるように、いどうはんばい車が使われているよ。

④（　　）

いどうはんばい車は、お年寄りにとってはとくにべんりではないよ。

地いきのうつりかわりに合わせてくらしもかわる。

とくしゅう

きほんのワーク

勉強した日　月　日

もくひょう
これまで学んだことをSDGsとつなげてみよう。

おわったらシールをはろう

教科書 162〜163ページ　答え 19ページ

1 SDGsとつなげて考えよう

(　)にあてはまる言葉や数字を□から書きましょう。

●SDGsとは、日本語で「①(　　　)な開発目標」といい、②(　　　)の目標が立てられた。この目標は③(　　　)年までの達成がめざされている。

よみトク！SDGs

④(　　　)が多い所は公園にしたり、⑤(　　　)を大切にのこしていたりする。

お店は、⑥(　　　)を出さないようにしたり、⑦(　　　)の取り組みをしたりしている。

3年生の社会科学習とSDGsの目標

1 わたしたちのまちと市
⑪ 住み続けられるまちづくりを
⑮ 陸の豊かさも守ろう

2 はたらく人とわたしたちのくらし
⑫ つくる責任　つかう責任
⑭ 海の豊かさを守ろう

3 地いきの安全を守る
③ すべての人に健康と福祉を
⑯ 平和と公正をすべての人に

4 わたしたちの市の歩み
⑪ 住み続けられるまちづくりを
⑬ 気候変動に具体的な対策を

人々が⑧(　　　)して、火事や事故をふせぎ、まちの⑨(　　　)を守っている。

⑩(　　　)は、「だれにでもやさしいまちづくり」などの目標や計画を立てて取り組みを進めている。

緑　リサイクル　市役所　安全　17　2030
食べのこし　持続可能　協力　古いたてもの

しゃかいか工場　SDGsは、2015年に決められた国際目標で、日本政府や多くの都道府県や市区町村などが中心となって取り組みが行われているよ。

練習のワーク

教科書 162～163ページ　答え 19ページ

1 SDGsについての説明として、正しいものには○を、あやまっているものには×を書きましょう。

①(　　)SDGsは日本語で「持続可能な地いき」という意味である。
②(　　)だれひとり取りのこさず、みんなが安心できるくらしがめざされている。
③(　　)日本のみがかかげた目標で、世界の国々はかんけいがない。
④(　　)2040年までに目標を達成するために、さまざまな取り組みが進められている。

2 SDGsにつながる取り組みと深くかんけいのあるSDGsの目標を、正しく線でむすびましょう。

①食べ物を買うときは、なるべく食べきれるりょうだけを買うようにする。・　　・㋐「3　すべての人に健康と福祉を」…みんなが健康で幸せな生活を送れるようにする。

②公園のごみをひろう活動に参加して、緑を守る。・　　・㋑「12　つくる責任つかう責任」…商品をつくる人も買う人も、地球のかんきょうを守るために責任ある行動をする。

③火事や事故をへらすために、消防しょやけいさつしょ、地いきの人々が協力する。・　　・㋒「15　陸の豊かさも守ろう」…陸の豊かさを守るために森林のげんしょうをふせぐ。

自分にできるSDGsにつながることを考える。

勉強した日　月　日

わくわく！　社会科ガイド①

きほんのワーク

もくひょう
さまざまな調べ方についてまとめてみよう。

おわったらシールをはろう

教科書 164〜167ページ　答え 19ページ

1 人にたずねて調べよう

(　)にあてはまる言葉を□から書きましょう。

インタビューのしかた

- インタビューするときは、まずはじめに①(　　　)をする。そのあとに学校名と自分の②(　　　)を言う。
- インタビューが終わったら、③(　　　)を言う。

電話のかけ方

- 電話をかけるときは自分の名前を言ってから話し出し、大切なことは④(　　　)を取る。

手紙の送り方

- 手紙は、⑤(　　　)をたしかめてから送り、返事をもらうときには、⑥(　　　)を用意する。

お礼　あてさき　名前　あいさつ　メモ　ふうとう

2 本やインターネットで調べよう

(　)にあてはまる言葉を□から書きましょう。

本の調べ方

- ⑦(　　　)：言葉の意味を知りたいときに使う。
- ずかん：一つのテーマについてくわしく調べたいときに使う。
- ⑧(　　　)：さまざまなことを広く調べたいときに使う。

インターネットの調べ方

- インターネットで調べるときは、知りたい言葉を入れて「けんさく」ボタンをおすと、かかわりのある⑨(　　　)をさがし出してくれる。
- ⑩(　　　)は、手紙や写真をすぐにやり取りできるが、送ってきた相手をたしかめるなどの注意がひつよう。

ウェブサイト　国語辞典　百科事典　電子メール　もくじ

しゃかいか工場　手紙で返事をもらうためにいっしょに送るふうとうには、こちらの住所や名前を書き、切手もわすれずにはっておこう。

練習のワーク

教科書 164～167ページ　答え 19～20ページ

できた数 ／11問中

おわったらシールをはろう

1 次の文を読んで、人にたずねて調べるときに気をつけることとして、正しいものには○を、あやまっているものには×を書きましょう。

①（　　）メモを取りながら電話をすることは失礼なので、しないようにする。
②（　　）インタビューの内ようを録音するときは、相手にきょかをとる。
③（　　）手紙の返事を送ってもらうときは、ふうとうをいっしょに入れておく。
④（　　）相手が電話に出られないときは、相手が出るまで何度も電話をかけ直す。
⑤（　　）インタビューが終わったら、お礼を言う。
⑥（　　）手紙を送るときは、あてさきが正しく書かれているかたしかめる。

2 次の本のせつめいとして正しいものを、それぞれ線でむすびましょう。

① 国語辞典　② ずかん　③ 百科事典

㋐写真やイラストなどを使って、さまざまなことについて広くせつめいしている。

㋑言葉の意味を知りたいときに使う。言葉の使い方の例や、反対の意味の言葉などもわかる。

㋒一つのテーマについてくわしく調べたいときに使う。写真やイラストがたくさん使われている。

3 インターネットでの調べ方や電子メールのりようのしかたについて、正しくせつめいしているものを２つえらび、○を書きましょう。

㋐（　　）インターネットのじょうほうは、他のウェブサイトやしりょうなどと見くらべてたしかめる。
㋑（　　）インターネットや電子メールは、先生や家の人にたよらず、なるべく一人で使う。
㋒（　　）知らない相手からの電子メールも、かならず開いて内ようをたしかめる。
㋓（　　）自分の友だちの名前や住所などのじょうほうは、電子メールに書かない。

インターネットはべんりだが使い方に注意。

勉強した日　　月　　日

わくわく！　社会科ガイド②

きほんのワーク

もくひょう
調べたことを記録したり、表現するしかたをまとめよう。

おわったらシールをはろう

教科書 168～169、174～175ページ　答え 20ページ

1 調べたことを記録しよう

（　　）にあてはまる言葉を□から書きましょう。

写真や動画のとり方

●**スマートフォン**で写真をとったときは、時間や①（　　　　　）をメモしておく。

●人の②（　　　　　）やたてものの中の様子をとるときは、さつえいしてもよいかたずねる。

メモの取り方

●**メモ**を取るときは、短い文でならべて書く③（　　　　　）にすると、書きやすく読みやすい。

ノートの書き方

●**ノート**に書くときは、④（　　　　　）やキーワードを目だたせて、わかりやすくする。

かじょう書き　　電子黒板　　場所　　見出し　　顔

2 調べたことを表現しよう

（　　）にあてはまる言葉を□から書きましょう。

●**地図**にまとめるには、まず⑤（　　　　　）を用意する。

●主なたてものは、⑥（　　　　　）を使うとわかりやすくなる。

●**年表**の形で、まちや市町村のできごとを⑦（　　　　　）べつに整理するとわかりやすい。

●調べたことを**かんけい図**にまとめてみる。

●かんけいがありそうなカード（ふせん）を、⑧（　　　　　）でつないでいく。

●かんけい図にすると、⑨（　　　　　）やかかわりがわかりやすくなる。

わたしたちの学校
港北ニュータウン
公園やショッピングセンターなどいろいろそろっている。住たくも多い。
海に面した所
うめ立てた土地。運河も通っている。
古いたてもの
みその公園、舞岡公園にあった。
横浜駅のまわり
大きなデパートや地下の商店街がある。
市役所のまわり
公共しせつが集まっている。
緑が多い所
「市民の森」として整えられている。
少し高い土地
店の多い所
工場の多い所
緑の多い所
田や畑
0　4000m

年代　　場所　　線　　地図記号　　つながり　　白地図

しゃかいか工場　メモやノートは、あとで見返したときのことを考えて記録にのこしておくと、上手に整理できるよ。

練習のワーク

教科書 168〜169、174〜175ページ　答え 20ページ

1 調べたことを記録するときの注意点などについて、正しいものには○を、あやまっているものには×を書きましょう。

①(　　)とった写真は電子黒板につないでうつすことができる。

②(　　)たてものの中では、勝手に写真をとってもよい。

③(　　)メモを取るときは、かじょう書きにするとわかりやすい。

④(　　)メモを早く取るために、日付や場所はあとで思い出して書く。

⑤(　　)ノートの見出しは、なるべく目だたないようにする。

⑥(　　)ノートには、気づいたことや新しいぎもんなども書いておく。

タブレットがたコンピューターも記録するのに役立つよ。

2 調べたことを表現するしかたについて、正しいものには○を、あやまっているものには×を書きましょう。

①(　　)

地図にまとめるときは、その地いきの白地図を用意するよ。

②(　　)

地図記号を使うとわかりにくくなるので、使わないよ。

③(　　)

土地の様子や使われ方は、なるべく地図にはかきこまないよ。

④(　　)

年表にすると、いつ、何があったかわかりやすくなるよ。

⑤(　　)

かんけい図をつくるときは、調べたことをカードに書き出すよ。

⑥(　　)

かんけい図にまとめても、つながりやかかわりはわからないよ。

表現することを考えて調べた内ようを記録する。

勉強した日　月　日

社会科ガイド③ きほんのワーク

もくひょう
地図帳を使った調べ方や地図の見方をまとめよう。

おわったらシールをはろう

教科書 170〜173ページ　答え 20ページ

1 地図帳を使って調べよう

（　）にあてはまる言葉を□から書きましょう。

●①（　　　）には、さまざまな地いきの地図がのっている。

●自然の②（　　　）や川、鉄道や道路など、知りたいことを決めてから地図を見るとよい。

●地図では、色によって土地の③（　　　）を分けており、うすい色の場所は④（　　　）土地、こい色の場所は⑤（　　　）土地を表している。

●⑥（　　　）を使うと、地名から場所をたしかめることができる。

知らない地名が出てきたら、地図帳で場所をたしかめてみよう。

山　ひくい　高い　地図帳　さくいん　高さ

2 地図を見て調べよう

（　）にあてはまる言葉を□から書きましょう。

よみトク！地図　地図の見方

●⑦（　　　）：地図の中の記号や色分けが何を表しているかしめす。

●⑧（　　　）：矢印のさす方が⑨（　　　）になる。

●⑩（　　　）：地図の上で長さをはかれば、じっさいのきょりがどのくらいかわかる。

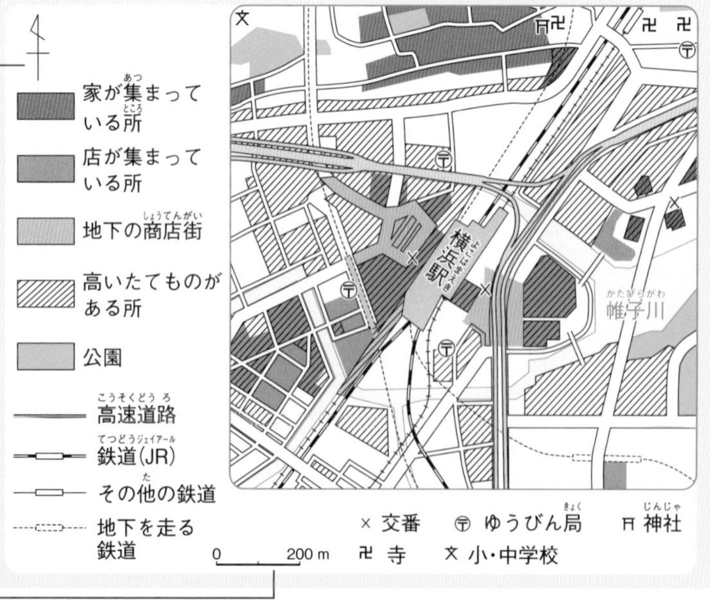

北　南　ものさし　はんれい　方位を表す記号

しゃかいか工場　地図記号が入った地図は、国土地理院という国の機関が、国内のさまざまな場所を調べてつくっているよ。

勉強した日　月　日

練習のワーク

教科書 170〜173ページ　答え 20ページ

できた数　／10問中

おわったら シールを はろう

1 次の問いに答えましょう。

(1) 地図帳について、正しいものには○を、あやまっているものには×を書きましょう。

①(　　)地図中のこい色の場所は、ひくい土地を表している。

②(　　)さくいんを使うと、おおまかな場所がわかる。

③(　　)さくいんは、地名があいうえお順にならんでいる。

(2) 右の**地図**中で、あ市の位置は「ア２」と表されます。このとき、い市とう町はそれぞれどのように表されますか。

い市…(　　　　)

う町…(　　　　)

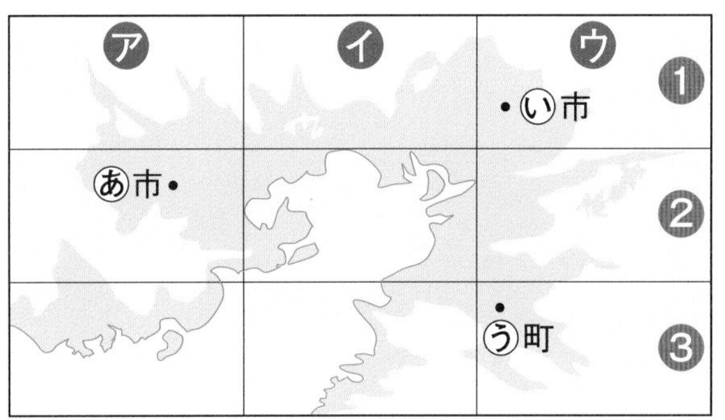

2 次の問いに答えましょう。

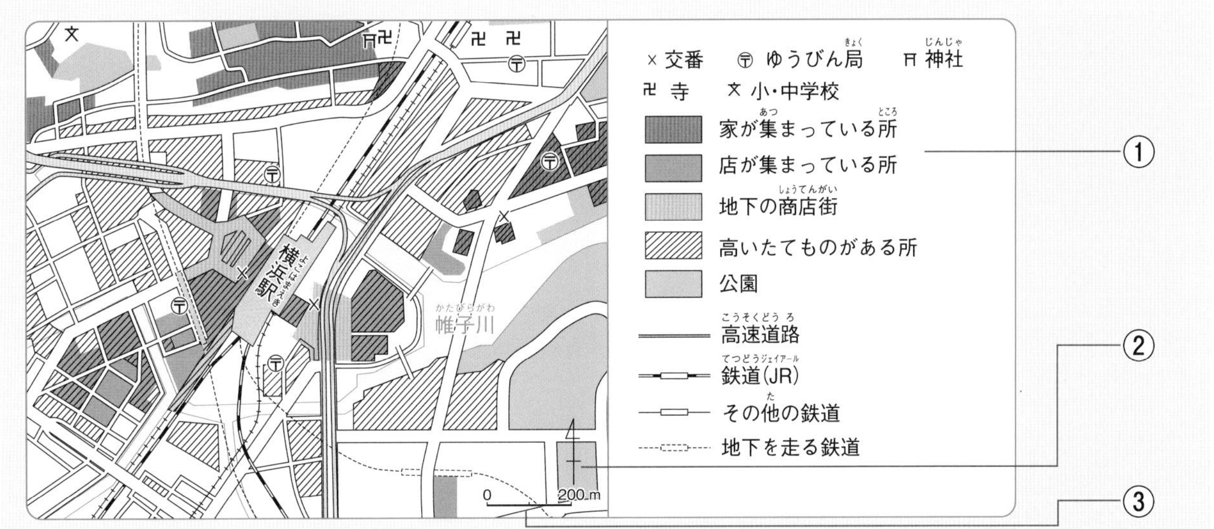

(1) 上の**地図**中の①〜③から、何がわかりますか。次からそれぞれえらびましょう。

①(　　)　②(　　)　③(　　)

ア　地図上の方位　　　イ　じっさいのきょり

ウ　地図中の記号や色分けが何を表しているか

(2) 上の**地図**中にゆうびん局はいくつありますか。　(　　　　)

(3) 横浜駅から神社までは、地図上でおよそ３cmです。じっさいのきょりはおよそ何mですか。　(　　　　)m

地図から、土地の様子やさまざまなことがわかる。

地図を使ってチャレンジ！ プラスワーク

知っているまちの場所を調べて、日本地図にかいてみよう。

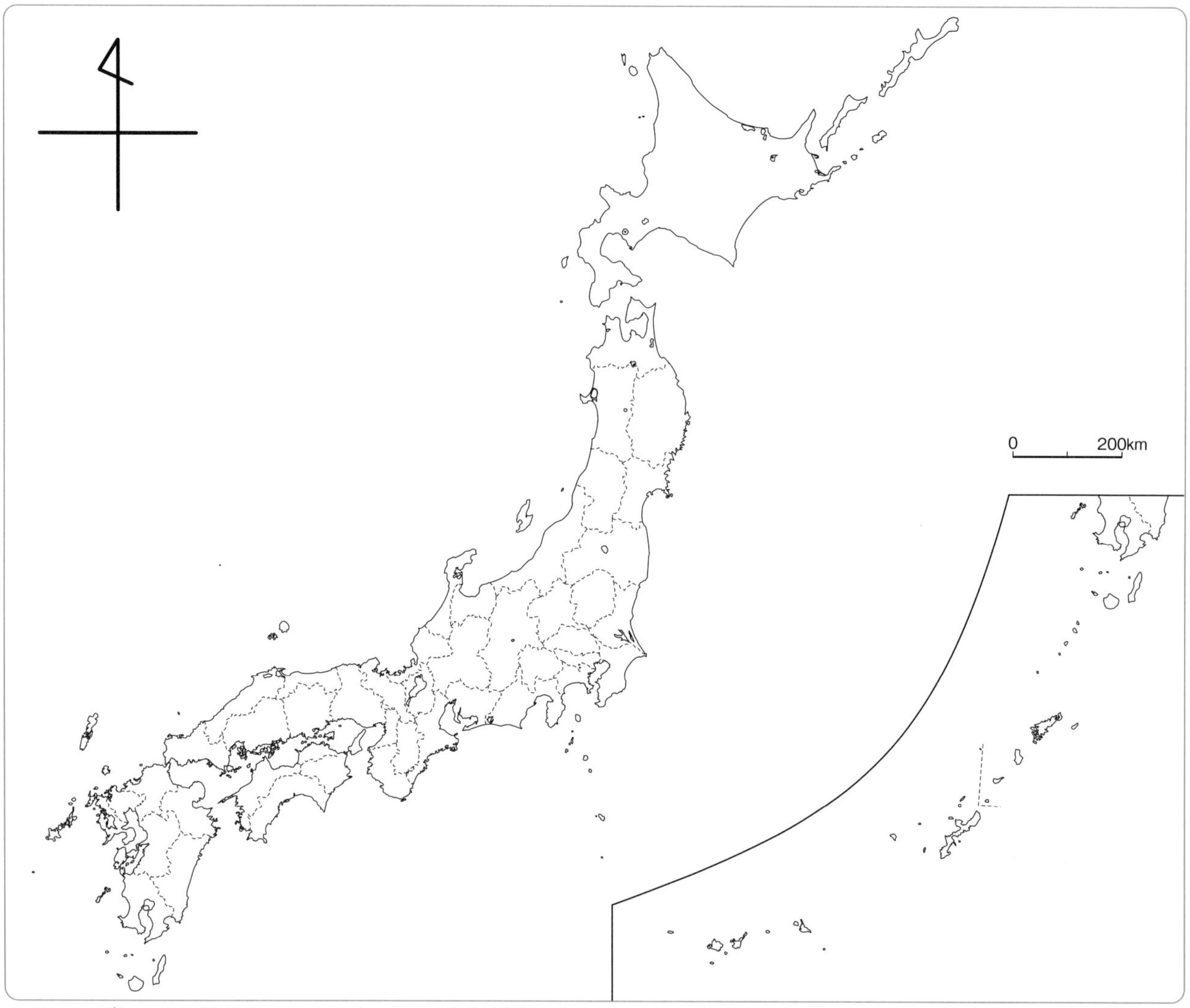

0　200km

① 住んでいるまちの市（区）町村名を書きましょう。また、まちがある都道府県名も書きましょう。

わからなかったら、調べたりおうちの人に聞いたりしてみよう。

市（区）町村名（　　　　　）
都道府県名（　　　　　）

② 住んでいるまちが都道府県のどこにあるか地図帳などで調べて右のれいのように、地図の中に○をつけましょう。

③ おうちの人の生まれたまちなど、ほかに知っているまちがあれば、同じように調べてみましょう。

●勉強した日　月　日

実力判定テスト 夏休みのテスト②

時間 30分

名前

得点 ／100点

おわったらシールをはろう

教科書 48ページ〜67ページ　答え 21ページ

店ではたらく人と仕事①

1 次の地図を見て答えましょう。　1つ10点〔50点〕

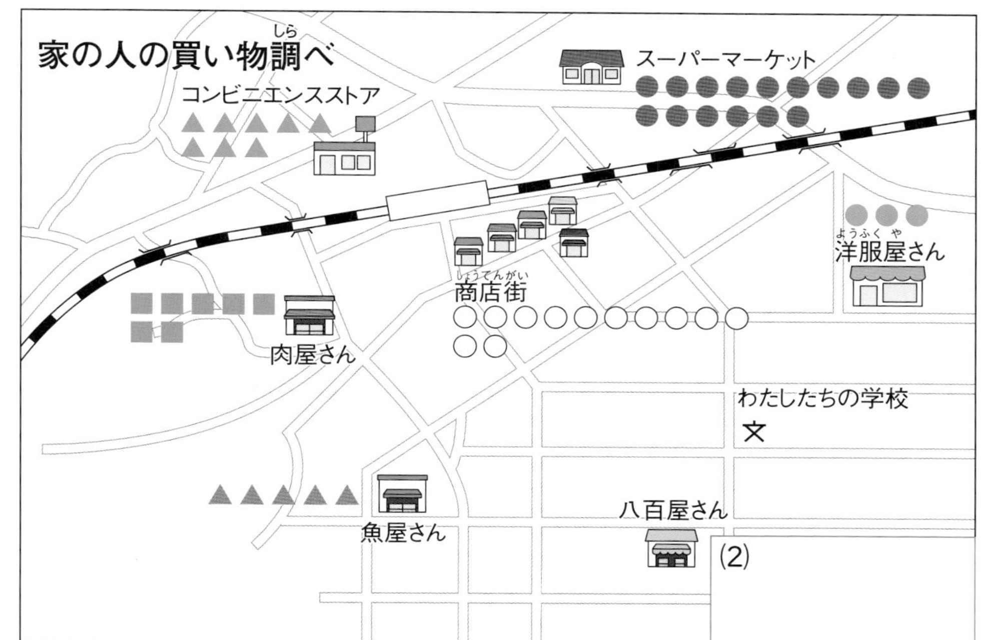

(1) 家の人が、もっとも多く買い物をした店はどこですか。　(　　　　)

(2) 学校近くの八百屋さんで買い物をした人は4人います。地図中の□に■を書き入れましょう。

(3) ケーキ屋さん・わがし屋さん・花屋さんなどのいろいろな店が、通りのりょうがわなどに集まっているところを何といいますか。地図中からえらびましょう。　(　　　　)

(4) コンビニエンスストアについて、あやまっている文に×を書きましょう。

㋐(　　)朝早くから夜おそくまで開いている店が多い。

㋑(　　)宅配便を送ったり、コピーを取ったりできる。

㋒(　　)スーパーマーケットよりも広く、ねだんも安い。

(5) 次の絵の人は、スーパーマーケットとコンビニエンスストアのどちらではたらいていますか。　(　　　　)

店ではたらく人と仕事②

2 次の問いに答えましょう。　1つ10点〔50点〕

(1) 次のしりょうは、スーパーマーケットのどのくふうにあたりますか。それぞれえらびましょう。

㋐ 車で買い物に来る人のためのくふう。

㋑ お買いどく品を買いたい人のためのくふう。

㋒ 野菜を少しだけ買いたい人のためのくふう。

(2) 右の絵は、牛にゅうパックや食品トレーを回収するためのしせつです。このしせつを何といいますか。

(　　　　)ボックス

(3) 次の図からわかることを2つえらび、○を書きましょう。

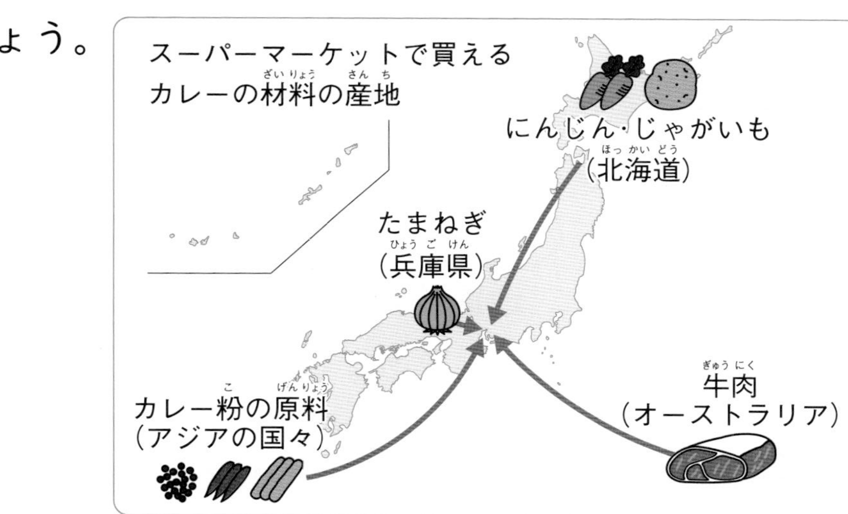

㋐(　　)にんじんやじゃがいもは北海道から運ばれてくる。

㋑(　　)店の近くでとれた品物だけでカレーをつくることができる。

㋒(　　)外国から運ばれてくる品物もある。

㋓(　　)たまねぎの産地はオーストラリアである。

●勉強した日　　月　　日

実力判定テスト

夏休みのテスト①

時間 30分

名前　　得点　　／100点

おわったらシールをはろう

教科書　8ページ～45ページ　　答え　21ページ

まちの様子

1 次の地図を見て答えましょう。(3)は1つ5点、1つ10点〔50点〕

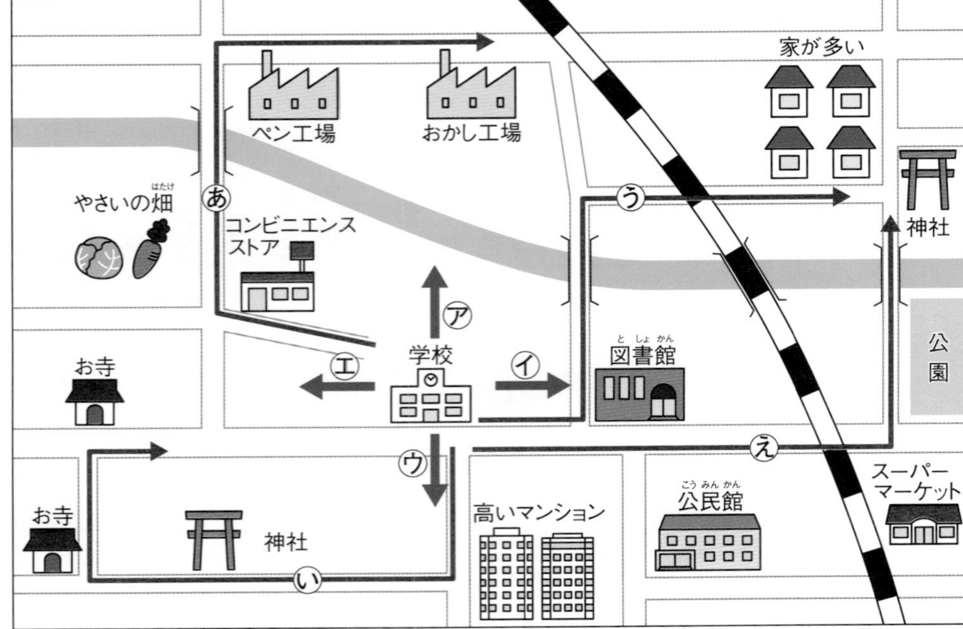

(1) 学校のまわりを調べたときに、右下の絵の道具を使いました。

① この道具を何といいますか。　(　　　　)

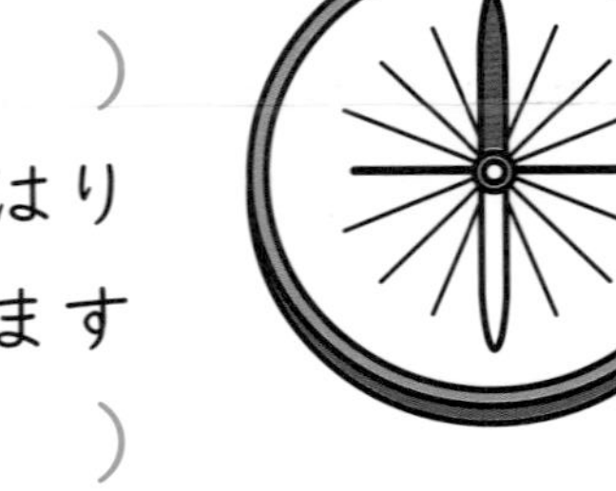

② ①の道具の色がついたはりは、どの方位をさしていますか。　(　　　　)

(2) 右の絵は、学校の屋上から見たけしきをかいたものです。➡ア～エのどの向きを見てかいたものですか。　(　　)

(3) 次の２人は、地図中のあ～えのどのコースでまちたんけんをしましたか。

①線路をわたったあと、橋を通り、川の向こうがわに出ました。　□

②神社やお寺など、古くからあるたてものを調べました。　□

(4) みんながりようできるたてものや場所を公共しせつといいます。地図中にある公共しせつを、学校の他に１つ答えましょう。　(　　　　)

市の様子

2 次の地図を見て答えましょう。　1つ10点〔50点〕

(1) 市役所から見て、わたしたちの学校はどの方位にありますか。八方位で答えましょう。　(　　　　)

(2) 地図中の①の地図記号は何をしめしていますか。また、②ゆうびん局にあてはまる地図記号を地図中からさがして書きましょう。

①(　　　　)　②□

(3) この市で工場が集まっているところについて正しくせつめいしている文に○を書きましょう。

ア(　　)原料を船で運ぶのにべんりな海の近くに集まっている。

イ(　　)はたらく人が通うのにべんりな駅の近くに集まっている。

ウ(　　)品物をトラックで運ぶのにべんりな高速道路の近くに集まっている。

(4) この市の土地の高い所には、休みの日に多くの人が来ます。その理由を、２つの地図を見て書きましょう。

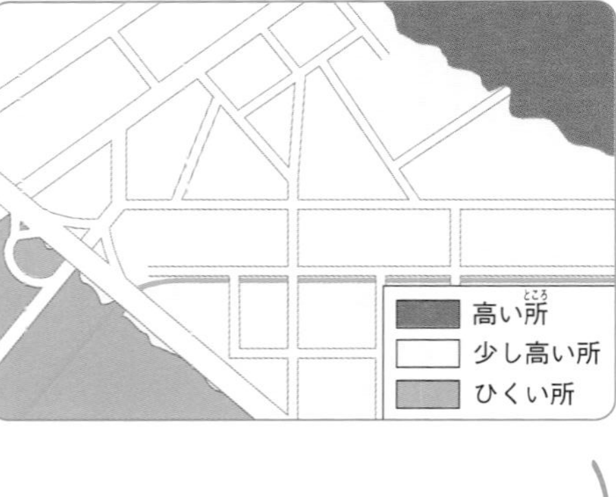

(　　　　　　　　)

●勉強した日　月　日

実力判定テスト

冬休みのテスト①

時間30分

名前　得点　/100点

おわったらシールをはろう

教科書　68ページ～93ページ　答え　22ページ

工場ではたらく人と仕事

1 次の図を見て答えましょう。(1)は1つ5点、1つ10点〔50点〕

あんぱん工場の見学でわかったこと

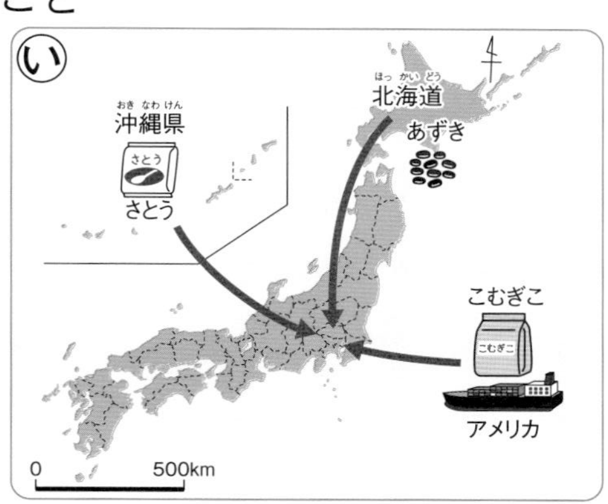

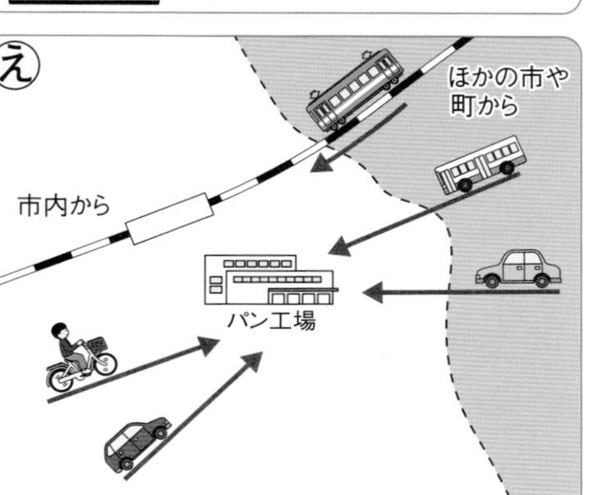

(1)　あについて、次の文の{　　}にあてはまる言葉に○を書きましょう。

▶生地をこねる作業などは{ きかい　人の手 }で行います。いっぽうで焼き上がりのけんさなど、{ コンピューター　人の目 }にたよる作業も多いです。

(2)　次にあてはまるあんぱんの原料を、いの中からえらびましょう。

①　パンの生地になる原料で、アメリカから取りよせている。(　　　)

②　あんの原料で、北海道から運ばれてくる。(　　　)

(3)　うは、工場ではたらく人の服そうです。パンの生地やあんの中にかみの毛を落とさないためにどんなくふうをしていますか。

(　　　　　　)

(4)　えについて、工場ではたらく人のうち、市内から来る人は何を使ってはたらきに来ていますか。1つ書きましょう。(　　　)

農家の仕事

2 次の図を見て答えましょう。1つ10点〔50点〕

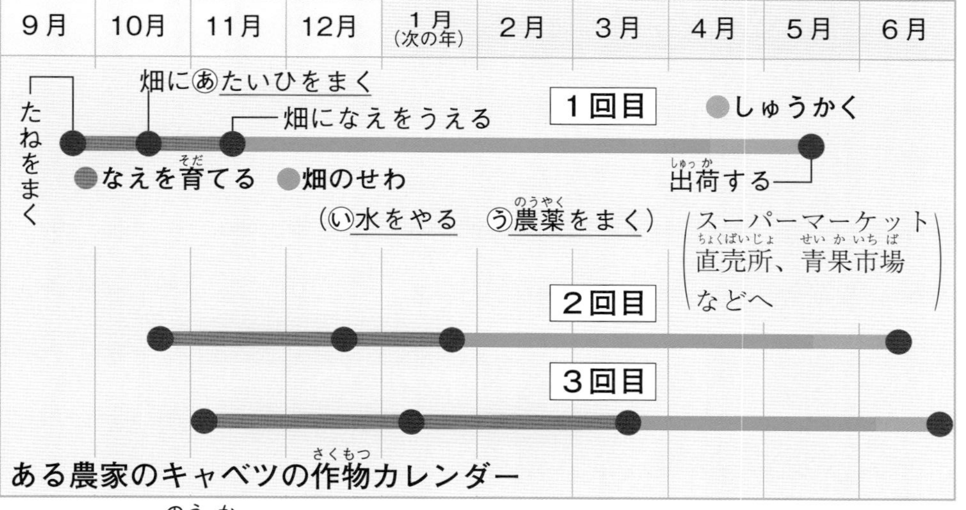

(1)　この農家が3回に分けてキャベツをつくっているのはなぜですか。

ア(　　)はじめにキャベツをつくった畑でもう一度キャベツをつくるため。

イ(　　)しゅうかくの期間を短くして、お金がかからないようにするため。

ウ(　　)しゅうかくの期間を長くして、長くキャベツが食べられるようにするため。

(2)　次の農家の人のせつめいにあてはまるものを、図中のあ～うからえらんで書きましょう。

①　キャベツが害虫に食べられないためにまく、くすりです。安全のために、できるだけ少ない回数で使います。(　　)

②　牛のふんにおがくずなどをまぜてつくるひりょうです。キャベツがそだつえいようになります。(　　)

(3)　右の写真は、図中の━━━の間になえをそだてるしせつです。これを何といいますか。(　　　)

(4)　キャベツの送り先のうち、農家でつくられた作物を店に売る場所を何といいますか。上の図中からえらびましょう。

(　　　)

実力判定テスト 冬休みのテスト②

時間 30分　名前　得点 /100点　おわったらシールをはろう

教科書 94ページ～127ページ　答え 22ページ

火事からまちを守る

1 次のしりょうを見て答えましょう。　1つ10点〔50点〕

①

②
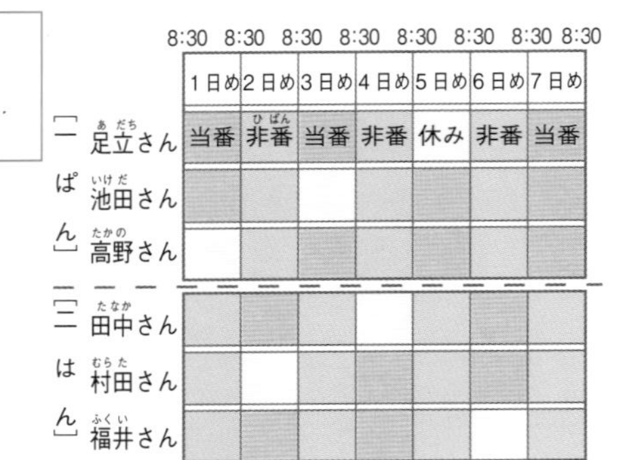

		8:30～8:30 1日め	8:30～8:30 2日め	8:30～8:30 3日め	8:30～8:30 4日め	8:30～8:30 5日め	8:30～8:30 6日め	8:30～8:30 7日め
一ぱん	足立さん	当番	非番	当番	非番	休み	非番	当番
	池田さん							
	高野さん							
二はん	田中さん							
	村田さん							
	福井さん							

③
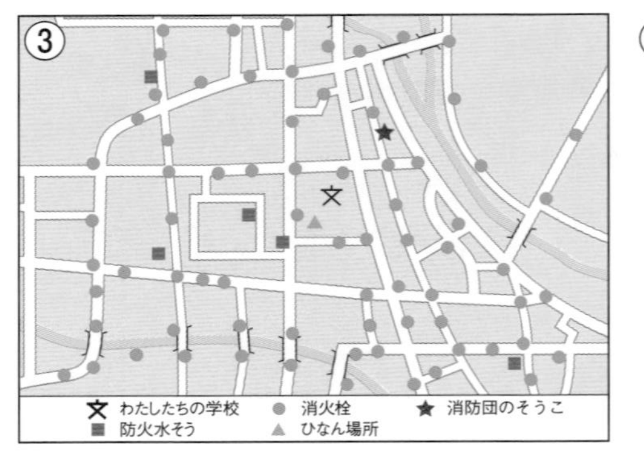

④

(1)　①・②の絵から、どのようなくふうがわかりますか。次からえらびましょう。

㋐　火事の中でもやけどやけがをしないくふう。
㋑　火事の電話をすぐに伝えるくふう。
㋒　消火に使う水をかくほするためのくふう。
㋓　交たいではたらき、24時間そなえるくふう。

(2)　③の地図は、まちの消防しせつをしめしたものです。地図中の消火栓にあてはまる写真を、次からえらびましょう。（　）

㋐

㋑

㋒
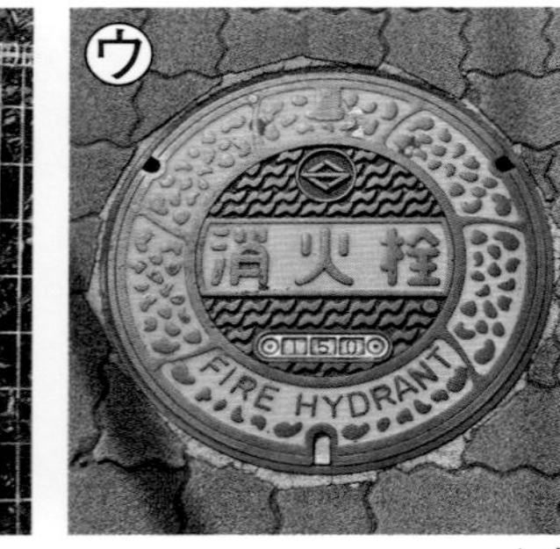

(3)　④の絵の消防団の人たちが道具がちゃんと動くか調べていることを何といいますか。次からえらびましょう。（　）

くんれん　点けん

(4)　消防団では地いきの人たちが、消防に協力しています。それはどのような考えによるものですか。

▶自分たちのまちは自分たちで（　）という考え。

事故や事件からまちを守る

2 次の問いに答えましょう。　1つ10点〔50点〕

(1)　交通事故が起きたとき、110番の電話で知らせることを何といいますか。（　）

(2)　(1)の電話が最初につながるところを、図中からえらびましょう。（　）

(3)　図中の交番の仕事にあてはまらないものに×を書きましょう。

㋐（　）町のパトロールを行う。
㋑（　）けがをした人を救急車で病院に運ぶ。
㋒（　）交通ルールを守らない人をしどうする。

(4)　次の地図は、まちの中の安全な場所やきけんな場所を書き入れてつくった地図です。これを何といいますか。（　）

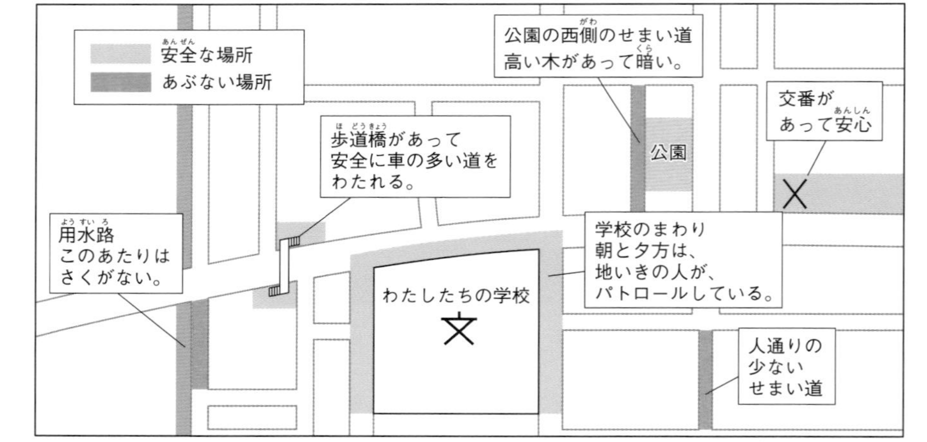

(5)　右のステッカーがはられた家や店は、上の地図の安全な場所、きけんな場所のどちらにあたりますか。（　）

実力判定テスト 学年末のテスト②

時間30分　教科書 8ページ～175ページ　答え 23ページ

名前　　得点　/100点

●勉強した日　月　日

おわったらシールをはろう

1 3年生のまとめ① 次の地図を見て答えましょう。

1つ10点〔50点〕

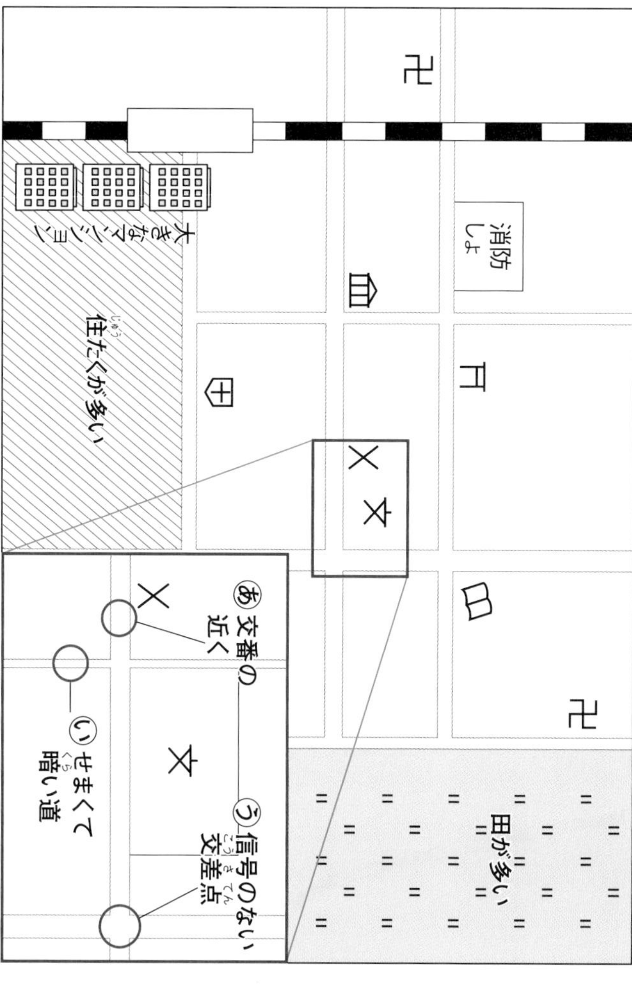

(1) 次の2人の言葉は、上の地図とどの地図をくらべたものですか。あとからえらびましょう。

①マンションや住たくが多い場所は、50年前は林だったよ。（　）

②市の東の田が広がっているところは、低い土地なんだね。（　）

ア 昔の地図　イ 県全体の地図

ウ 土地の高さがわかる地図

(2) 地図中の消防しょは、どのような地図記号で表されますか。（　）

(3) 消防しょではたらく人のせつめいとして正しいものに○を書きましょう。

ア（　）ふだんはべつの仕事をしているが、火事のときに消火や救助を行う。

イ（　）110番の通報をうけて、5分以内に出動する。

ウ（　）交たいでぎんむし、点けんやくんれんをかかさずに行う。

(4) 上の地図中央の□の部分で、安全な場所・きけんな場所を地図の右下にくわしくしめしました。あ～うのうち、安全な場所にあてはまるものを1つえらびましょう。（　）

2 3年生のまとめ② 次の絵を見て答えましょう。

1つ10点〔50点〕

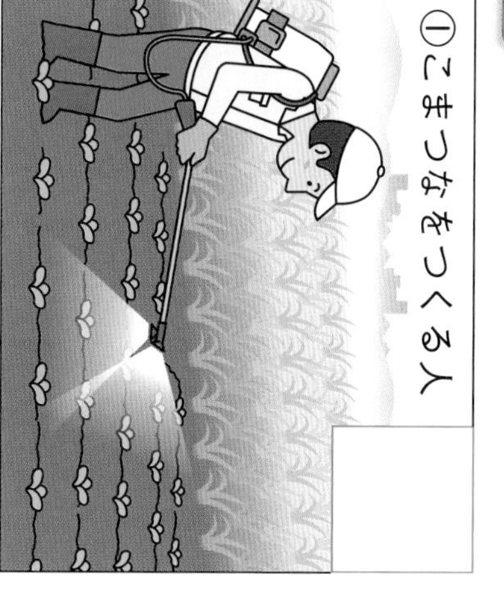

①こまつなをつくる人

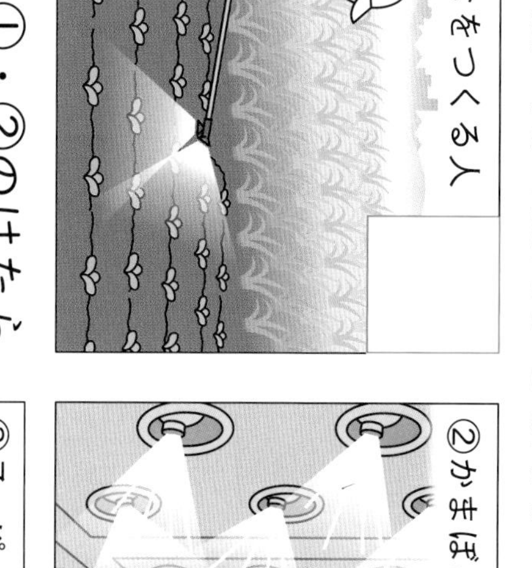

②かまぼこ工場の人

③スーパーマーケットの人

(1) 上の①・②のはたらく人のくふうを、次からえらびましょう。

ア ていねいに手をあらい、かみの毛やほこりを取る。

イ 商品の売れぐあいを調べ、仕入れをする。

ウ びょうきや害虫をふせぐための農薬は、なるべく回数を少なくする。

(2) ③の絵で、スーパーマーケットの店員さんが、①や②で作られた品物のいたみぐあいや新せんさをかくにんしているのはなぜですか。

▶食べ物の（　）をたしかめるため。

(3) スーパーマーケットが、しょうがいのある人のために行っているくふうとして正しいものに○を書きましょう。

ア（　）せん用の駐車場をつくったり、車いすのかし出しをしたりしている。

イ（　）ペットは店内に入れないので、補助犬もおことわりしている。

ウ（　）食品トレーや牛にゅうパックのリサイクルをしている。

(4) ①の農家の人が昔使っていた、「千歯こき」のような古い道具は、どこで見ることができますか。次からえらびましょう。（　）

神社　公民館　郷土資料館

●勉強した日　　月　　日

実力判定テスト

学年末のテスト①

時間30分　名前　　得点　　/100点　おわったらシールをはろう

教科書　128ページ～159ページ　答え　23ページ

かわる道具とくらし

1 次の問いに答えましょう。

1つ10点〔50点〕

あ　い　う

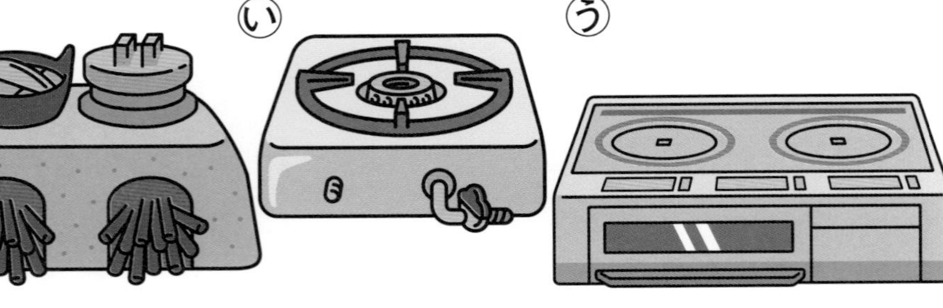

(1) 上の絵は何をするための道具のうつりかわりですか。

▶(　　　　　)を作る道具のうつりかわり。

(2) 上の絵のあにあてはまる道具の名前を次からえらびましょう。(　　　　　)

石うす　千歯こき　かまど

(3) 次の絵の道具の今の形を右からえらびましょう。(　　)

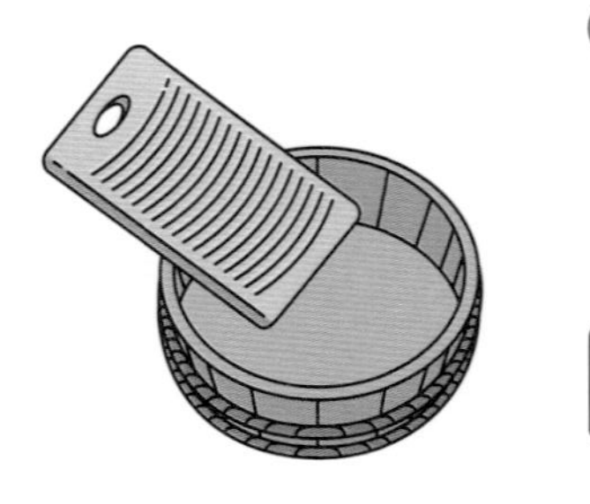

ア
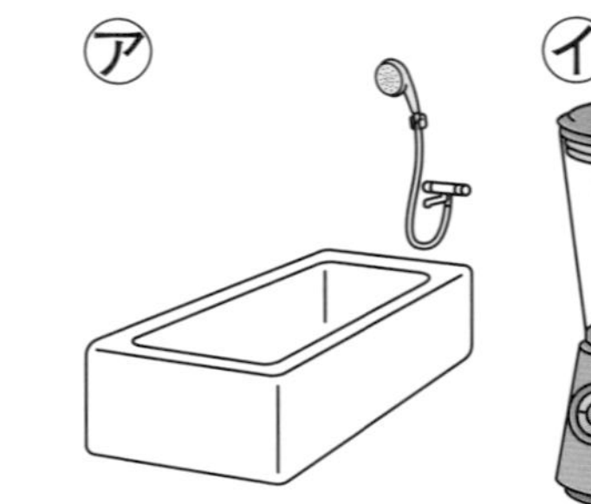

イ

ウ

(4) 道具がべんりになったことのせつめいとしてあやまっているものに×を書きましょう。

ア(　　)昔にくらべ、家事の時間が長くなった。

イ(　　)スイッチをおすだけで使えるものがふえた。

ウ(　　)電気がないと使えないものがふえた。

(5) 電話のうつりかわりをしめした次の絵を、古い順にならべましょう。

(　　)→(　　)→(　　)

ア
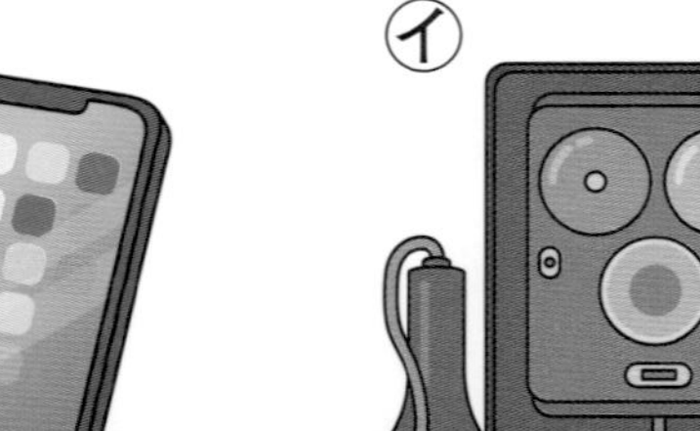

イ
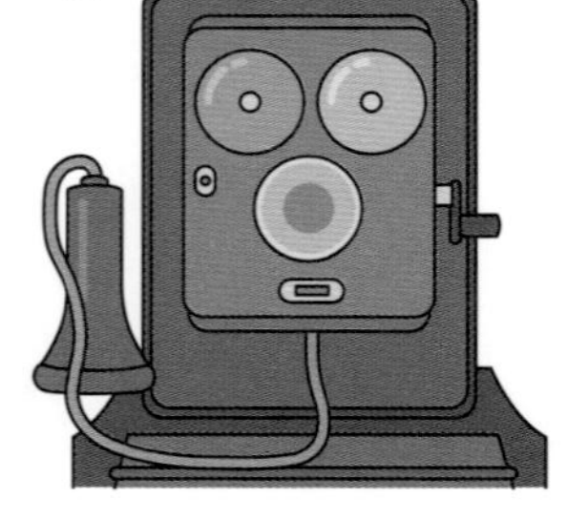
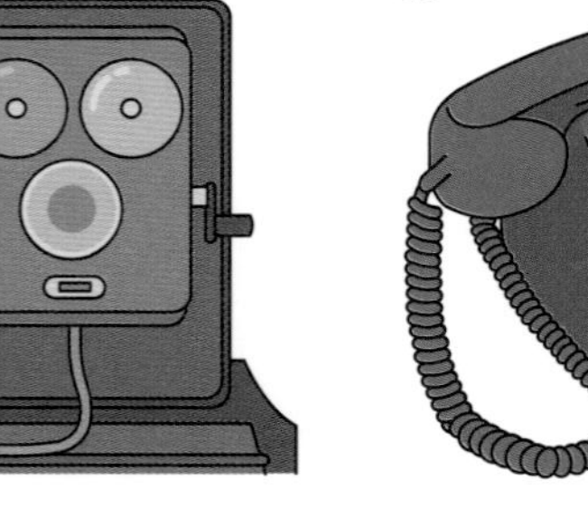

ウ

市のうつりかわり

2 次の地図を見て答えましょう。

1つ10点〔50点〕

70年前　地図1　交通のうつりかわり　今

70年前　地図2　土地利用のうつりかわり　今

家や店の多い所
田や畑の多い所
工場の多い所
森林

(1) **地図1**からわかる70年間の変化として、正しいものに○を書きましょう。

ア(　　)はじめて鉄道が通り、道路もふえた。

イ(　　)鉄道に新しく駅ができた。

ウ(　　)鉄道がふえて、合わせて2本になった。

(2) **地図2**で、新しくできたうめ立て地は、おもに何に使われていますか。(　　　　　)

(3) **地図1・2**を見てわかることについて、次の出だしにつづけて、かんたんに書きましょう。

▶70年の間に交通がべんりになったため、林や田畑がへって、(　　　　　　　　　)。

(4) 上の古い地図がかかれたのは、あとの年表中のア～エのどの時期ですか。(　　)

(5) 年表中の□にあてはまる年号を答えましょう。(　　　　　)

	大正 100年前		昭和 50年前	□ 30年前	令和
市のできごと	市に鉄道が通る　ア	戦争が終わる　イ	うめ立て地ができる　ウ	新しい駅ができる　エ	駅前に大きなビルがたつ

●勉強した日　月　日

実力判定テスト

かくにん！地図記号

時間30分

名前　　得点　／100点

おわったらシールをはろう

教科書を見て、地図記号を調べよう。

答え 24ページ

✪ 次の地図記号の意味を［　］からえらびましょう。

1つ5点〔100点〕

記号	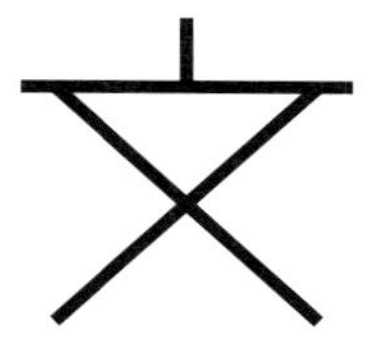	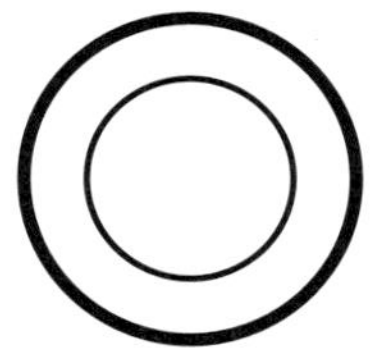	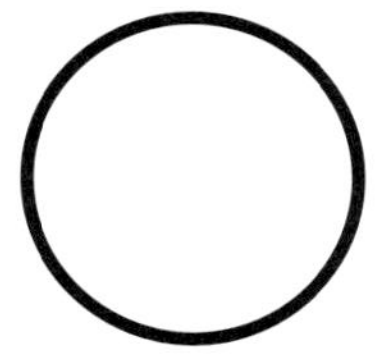		
意味	①（　　）	②（　　）	③（　　）	④（　　）	⑤（　　）
もとになったもの	漢字の「文」の形	太さがちがう二重丸	市役所よりも１つ少ない丸	２本のけいぼうが交わる形	交わったけいぼうを丸でかこんだもの
記号	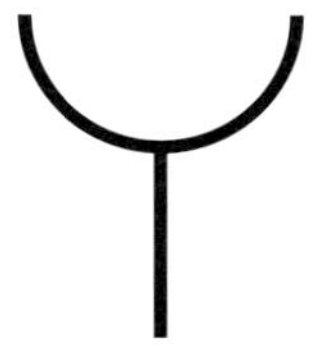			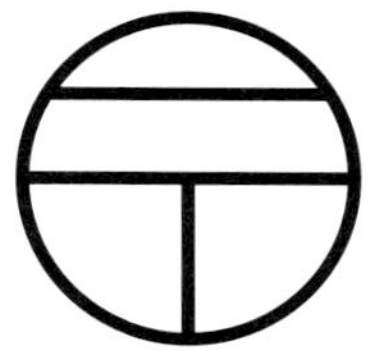	
意味	⑥（　　）	⑦（　　）	⑧（　　）	⑨（　　）	⑩（　　）
もとになったもの	昔使われていた消防用の道具の形	開いた本の形	博物館や美術館などのたてものの形	昔の役所の頭文字「テ」から	昔のぐんたいの「えいせいたい」の記号
記号		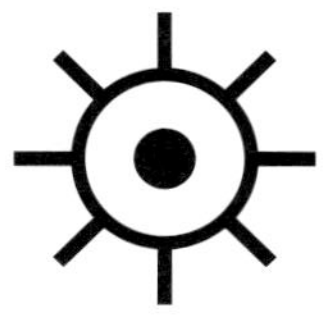	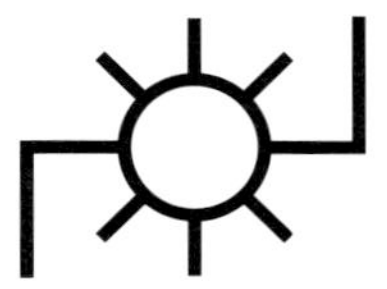	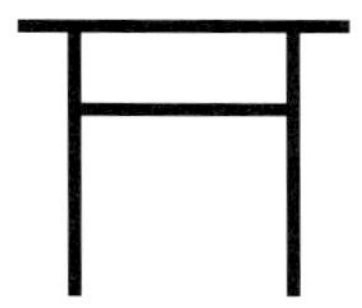	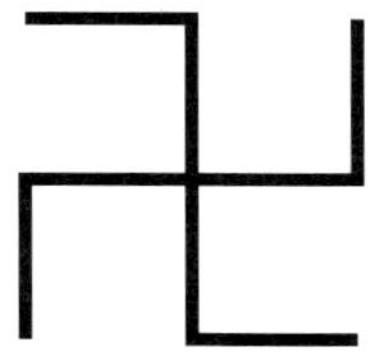
意味	⑪（　　）	⑫（　　）	⑬（　　）	⑭（　　）	⑮（　　）
もとになったもの	たてものの中にお年よりのつえをかいたもの	四方八方に光が出る様子	歯車と電気を送る線	鳥居の形	仏教の記号の「まんじ」の形
記号		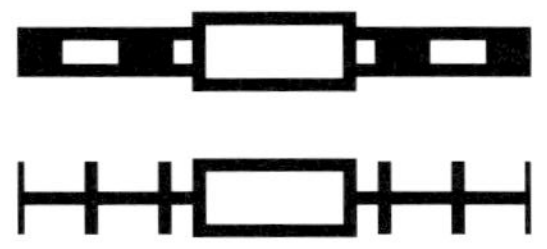			
意味	⑯（　　）	⑰（　　）	⑱（　　）	⑲（　　）	⑳（　　）
もとになったもの	船のいかりの形	線路の形	いねをかり取ったあとの形	植物のふた葉の形	果物の実を横から見た形

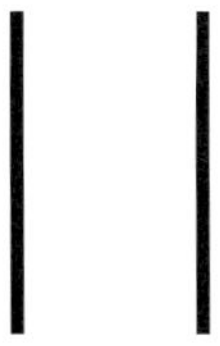

果樹園　小・中学校　けいさつしょ　灯台　交番　市役所　消防しょ
神社　鉄道　町村役場・区役所　寺　図書館　博物館　田
畑　発電所　病院　漁港　ゆうびん局　老人ホーム

●勉強した日　　月　　日

実力判定テスト

白地図でまちをつくろう!

時間 30分

名前

おわったらシールをはろう

地図記号を使って、地図をつくってみよう。

答え 24ページ

1 次の白地図を使って、自分だけのまちをつくってみましょう。

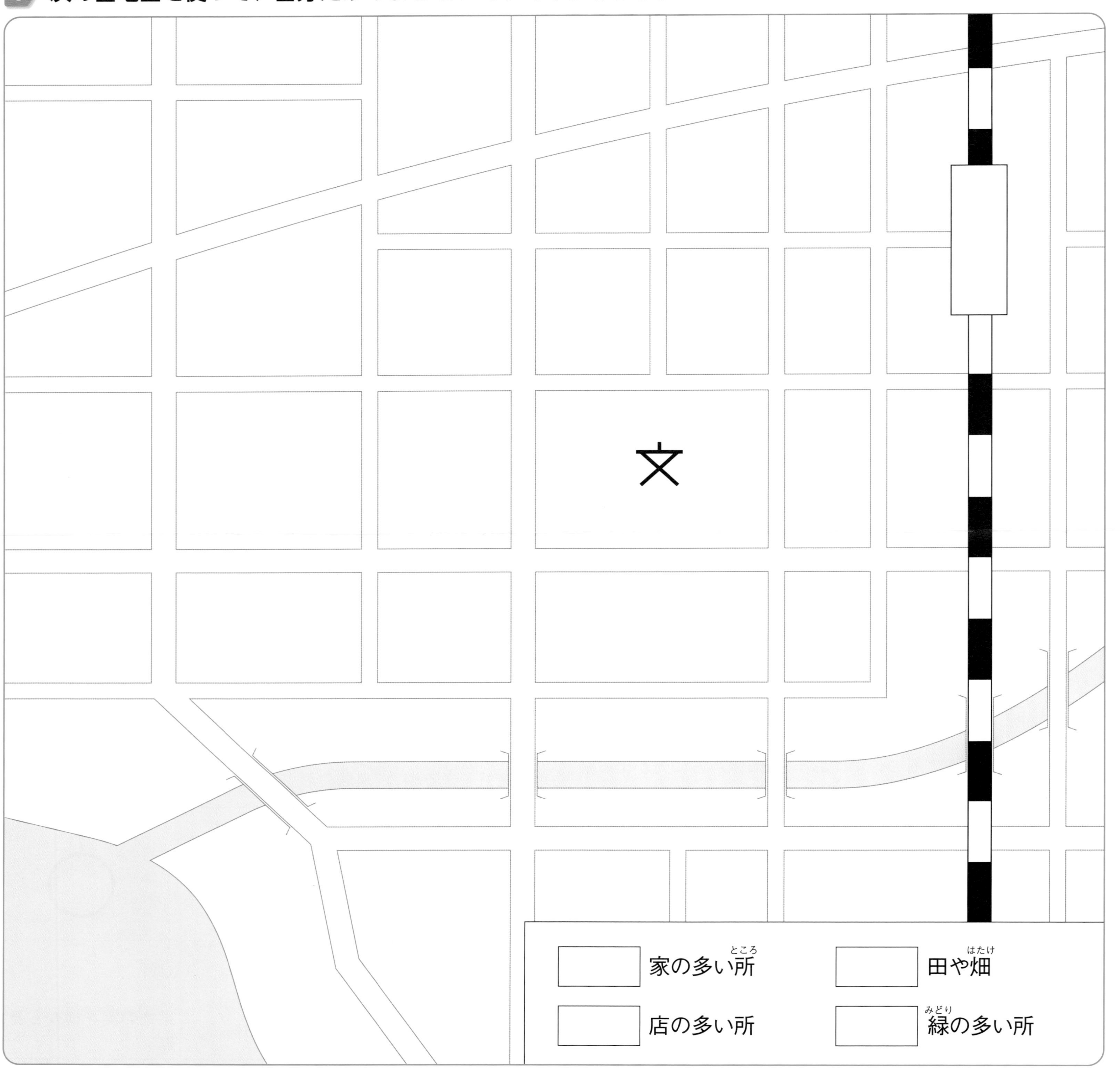

●このページのうらにある地図記号もさんこうにして、さまざまな地図記号をかき入れましょう。

●「家の多い所」「店の多い所」「田や畑」「緑の多い所」の色を決めて、色をぬりましょう。

●地図ができたら、中心の学校を出てまちをたんけんする道じゅんをかき入れましょう。たんけんコースの名前もつけましょう。

てびき **1** ①土地が高いことをしょうかいしているので、土地の様子です。②寺は昔からある古いたてものです。たてものの様子をしょうかいしています。③鉄道やバスのことをまとめて**交通機関**といいます。交通の様子についてしょうかいしています。④地区センターは、みんなが使える公共しせつです。たてものの様子をしょうかいしています。

2 (1)・(2)正しい方位を知るために使う道具を**方位じしん**といいます。赤いはりがさす方が北となります。

(3)北を向いて立ったとき、右手は東、左手は西の方位をさしています。

3 (1)㋐は地区センター、㋑は区役所、㋒は大きなマンション、㋓は大きなそうこを表しています。この中で、みんながりようできる公共しせつは、㋐の地区センターと㋑の区役所です。

(2)①は寺、②は消防しょです。方位を表す記号から、絵地図の上が北であることがわかります。学校から見た寺の方位は南、消防しょの方位は西です。

(3)②・④絵地図上で、鉄道が東西に走っていることがわかります。鶴見川も東西に流れていますが、鉄道よりも北がわを流れています。③神社は学校から見て西の方位、工場は学校から見て東の方位にあります。

(4)①ゆうびん局は、学校から見て西の方位にあります。西に向かう(い)の道順があてはまります。②公園は、学校から見て東の方位にあります。東に向かう(う)の道順があてはまります。

なぞり道場 何回も書いてかくにんしよう！

四方位

方位じしん

公共しせつ

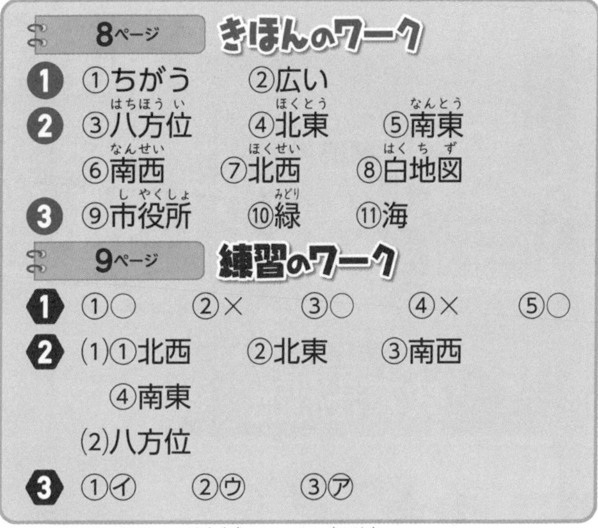

8ページ きほんのワーク

1 ①ちがう ②広い

2 ③八方位 ④北東 ⑤南東 ⑥南西 ⑦北西 ⑧白地図

3 ⑨市役所 ⑩緑 ⑪海

9ページ 練習のワーク

1 ①○ ②× ③○ ④× ⑤○

2 (1)①北西 ②北東 ③南西 ④南東 (2)八方位

3 ①㋑ ②㋒ ③㋐

てびき **1** ②川崎市は、横浜市の北にあります。④相模原市は海に面していません。

2 (1)北と西の間は**北西**、北と東の間は**北東**、南と西の間は**南西**、南と東の間は**南東**といいます。東北や東南などとしないように気をつけましょう。

(2)四方位より八方位のほうが、より細かな方位を表すことができます。

3 ㋐～㋒のそれぞれの写真が何を表しているかよく見てみましょう。㋐は古いたてもの、㋑は緑の多い所、㋒は海に面した所の写真です。

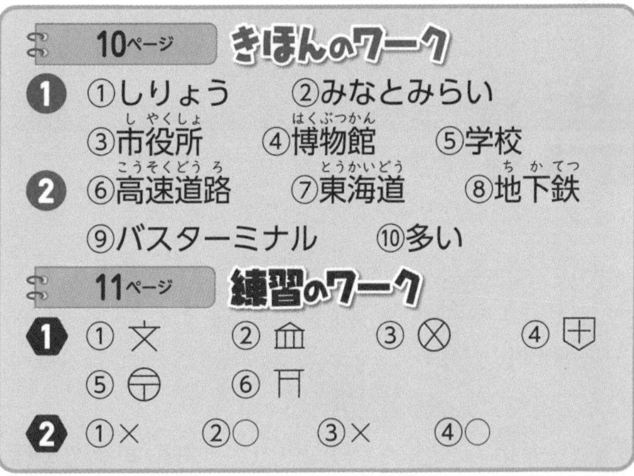

10ページ きほんのワーク

1 ①しりょう ②みなとみらい ③市役所 ④博物館 ⑤学校

2 ⑥高速道路 ⑦東海道 ⑧地下鉄 ⑨バスターミナル ⑩多い

11ページ 練習のワーク

1 ① 文 ② 🏛 ③ ⊗ ④ ⊕ ⑤ 〒 ⑥ ⛩

2 ①× ②○ ③× ④○

てびき **1** ①は小・中学校、②は博物館、③はけいさつしょ、④は病院、⑤はゆうびん局、⑥は神社を表す**地図記号**です。

2 ①横浜市には多くの**地下鉄**が走っています。③市内には、首都高速道路の他に東名高速道路も通っています。④横浜駅には、ＪＲ以外にも、その他の鉄道や横浜市営地下鉄が通っていることが地図から読み取れます。

教科書ワーク

答えとてびき

「答えとてびき」は、とりはずすことができます。

教育出版版

社会 3 年

使い方

まちがえた問題は、もういちどよく読んで、なぜまちがえたのかを考えましょう。正しい答えを知るだけでなく、なぜそうなるかを考えることが大切です。

1 わたしたちのまちと市

2ページ きほんのワーク

1 ①家 ②高い
2 ③四方位 ④東 ⑤南 ⑥西 ⑦方位じしん ⑧北
3 ⑨土地 ⑩交通

3ページ 練習のワーク

1 ①× ②× ③○
2 ①北 ②西 ③南 ④東
3 ①㋑ ②㋒ ③㋐

てびき 1 ②学校のまわりにある場所でも、他の人が知らない所もあるので、しょうかいするようにしましょう。③高い所にのぼると、まちの様子を見わたすことができます。知っている場所やしょうかいされた場所がどこにあるかをたしかめてみましょう。

2 ①方位を調べたいときには、方位を表す記号をかくにんしましょう。図中の学校から見て、駅のある方位が北になります。

3 ①土地の様子を調べるには、高い所やひくい所について調べるとよいでしょう。②ゆうびん局や市役所などのみんながりようするしせつや、神社や寺などの古くからのこるたてものがどこにあるかを調べてみましょう。③鉄道や道路などから、他のまちとのつながりを知ることができます。

4ページ きほんのワーク

1 ①神社 ②ゆうびん局 ③消防しょ ④区役所 ⑤地区センター ⑥公共しせつ
2 ⑦坂 ⑧道路 ⑨工場

5ページ 練習のワーク

1 ①○ ②× ③× ④○
2 ①× ②× ③○ ④○
3 ①㋐ ②㋑

てびき 1 みんながりようできるたてものを、公共しせつといいます。区役所や消防しょ、図書館などがあてはまります。

2 ①・②駅のまわりには商店街や公共しせつである交番などがあります。③神社は、学校から駅に行くとちゅうにあります。

3 ①学校の南にあり、古くからのこるたてものは、寺です。

6・7ページ まとめのテスト

1 ①㋐ ②㋑ ③㋒ ④㋑
2 (1)方位じしん
(2)①東 ②南 ③西 ④北
(3)東
3 (1)㋐、㋑
(2)①南 ②西
(3)①○ ②× ③× ④○
(4)①㋑ ②㋒

12ページ　きほんのワーク

❶ ①東京　②広く　③うめ立て
④小・中学校　⑤工場

❷ ⑥南　⑦公園　⑧いこい

13ページ　練習のワーク

❶ (1)①×　②○　③×　④○
(2)工場
(3)平らな

❷ ①○　②○　③×　④×
⑤○

てびき ❶ (1)②海に面した所の土地は、ひくくなっていることがわかります。③海に面しているのは、市の東がわです。④海に面した場所はうめ立て地が多いため、多くの土地の線が直線になっています。

(2) ⚙ は工場の地図記号です。 ⚙ の発電所の地図記号とまちがえないようにしましょう。

(3)工場には大きなせつびやきかいがおかれるので、工場をつくるには広くて平らな土地がひつようです。

❷ ②金沢自然公園のとなりには、金沢動物園があります。③地図から金沢動物園のすぐ近くには学校があることがわかります。④ハイキングコースは緑地の中を通るようにつくられています。

14ページ　きほんのワーク

❶ ①ニュータウン
②ショッピングセンター　③公園
④山林　⑤住たく地

❷ ⑥東海道　⑦旅人　⑧宿場町
⑨横浜　⑩外国

15ページ　練習のワーク

❶ ①×　②○　③○　④×

❷ (1)宿
(2)①ウ　②イ

❸ ア→ウ→エ(→イ)

てびき ❶ ①ニュータウンは、人口がふえたために、もともとは山林だった所を住たく地に開発してつくられた新しいまちです。④ニュータウンには大きなマンションがあり、多くの人が住んでいます。

❷ (1)横浜市内には、かつて東海道という、江戸(げんざいの東京)と京都をむすぶ道がつくられ、多くの旅人や荷物が行き来しました。市内には、神奈川宿や保土ケ谷宿など旅人がとまる宿が集まる宿場町がいくつもつくられました。

(2)①は弘明寺、②は赤レンガそうこです。赤レンガそうこは海のすぐ近くにあり、観光名所の1つになっています。

❸ ア→ウ→エ→イの順になります。まずは、地図にうすい紙を重ねて、市の形をなぞり、市の全体図をつくります。そして、川や道路・鉄道や土地の様子などを書きこんでいきます。

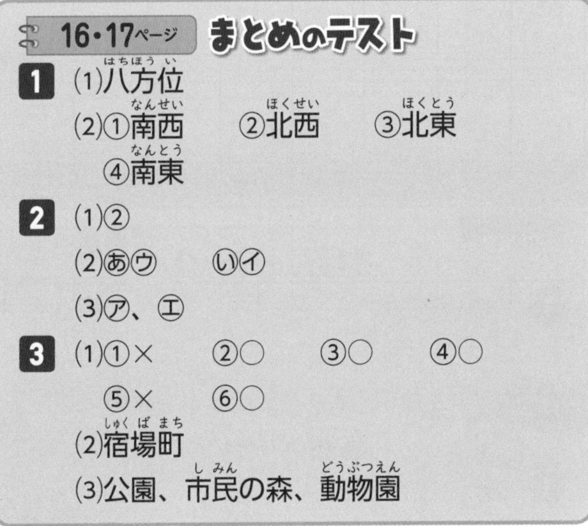

16・17ページ　まとめのテスト

1 (1)八方位
(2)①南西　②北西　③北東
④南東

2 (1)②
(2)あウ　いイ
(3)ア、エ

3 (1)①×　②○　③○　④○
⑤×　⑥○
(2)宿場町
(3)公園、市民の森、動物園

てびき **1** (2)八方位を使って方位を表すとき、どちらから見た方位なのか気をつけるひつようがあります。たとえば、③は、小田原市から見て川崎市は北東の方位にありますが、川崎市から見れば小田原市は南西の方位にあります。

2 (1)①の地図は工場が多く、②の地図は家が集まっています。②は港北ニュータウンのあたりで、新しいまちがつくられ、住む人がふえています。

(2)工場と発電所の地図記号はにているので気をつけましょう。発電所の地図記号は、きかいの歯車と、電気が通る道である電気回路の形を表しています。

(3)イ、ウは①の地図をせつめいした文です。

3 (1)①住たくの多い所は、市の全体に広がっています。②工場の多い所は、主に海ぞいや鉄道ぞいです。④市役所の地図記号は ◎ です。⑤市の北がわにも地下鉄は通っています。

(2)東海道は、げんざいの東京と京都の間をむすんだ道です。鉄道や自動車がない昔の時代の人々は、主に歩いてもくてき地をおとずれていました。長いきょりを歩く旅人のため、東海道ぞいに多くの宿場町がつくられました。

(3)工場や、多くの人が使う駅や商店街のまわりには、緑はあまり多く見られません。

なぞり道場 何回も書いてかくにんしよう！

はち	ほう	い					
八	方	位					
ニ	ュ	ー	タ	ウ	ン		
こう	そく	どう	ろ				
高	速	道	路				
		た		ち			
う	め	立	て	地			

18ページ きほんのワーク

❶ ①小・中学校　②神社　③図書館　④ゆうびん局　⑤交番　⑥消防しょ　⑦灯台　⑧田　⑨畑　⑩果樹園

19ページ 練習のワーク

❶ ①市役所　②果樹園　③畑　④博物館

❷ ①〶　②⛩

❸ (1)①病院　②図書館　③寺

(2)㊁

てびき ❶ ② ⫰ は果物の形をもとにした記号です。③ ∨ は植物のふた葉の形をもとにした記号です。④ 🏛 の地図記号は、博物館の他に、美術館や歴史館にも使われます。

❷ ゆうびん局や神社、消防しょ、交番など身近なたてものの地図記号はおぼえましょう。

❸ (1)②図書館の地図記号は 🕮 で、本を開いた形をもとにしています。

(2)○×駅のすぐ南には交番の地図記号（ ╳ ）があります。けいさつしょの地図記号は ⊗ なので注意しましょう。

20ページ きほんのワーク

❶ ①昔　②ちがい　③浄水場　④高層ビル　⑤新宿　⑥ふえた　⑦公園　⑧けいさつしょ　⑨小・中学校

21ページ 練習のワーク

❶ ①今　②昔

❷ (1)駅

(2)㋐○　㋑×　㋒×　㋓○

(3)工場

てびき ❶ 写真は新宿駅のまわりの様子です。今の新宿駅前は高層ビルがたちならんでいますが、昔は浄水場がありました。

❷ (2)㋐昔と今の地図をくらべると、田や畑の地図記号がへっていることがわかります。㋓今の地図には、昔の地図にはなかったけいさつしょや消防しょなどの地図記号があります。

22・23ページ まとめのテスト

1 (1)①田　②漁港　③消防しょ　④交番

(2)①×　②○　③○　④○

2 (1)ゆうびん局　(2)外国人

3 (1)① ⛨　② 文　③ 卍　④ ⛩　⑤ 🕮　⑥ ∨

(2)①南東　②北

4 (1)ふえた　(2)べんり

てびき 1 (1)地図記号の横に書かれた文をもとに、何の地図記号か考えてみましょう。

(2)①地図中で同じ地図記号を何度使ってもかまいません。②方位を表す記号がないときは、ふつう地図の上が北になります。

2 (1)時代や社会のうつりかわりとともに、新しい地図記号がつくられたり、地図記号がかわったりすることがあります。②は最近になってつくられたゆうびん局の地図記号です。

(2)げんざい、日本にやってくる外国人がふえたため、外国人向けに地図記号の見直しが行われています。

3 (1)①病院は、わたしたちの学校の北と南東にあります。⑥田と畑の地図記号はまちがえやすいのでしっかりおぼえましょう。

(2)①博物館（ 🏛 ）は△□駅の左上にあり、学校から見ると南東の方位にあります。②老人ホーム(⌂)は、地図の上の方に3つならんでいます。

4 (1)高層ビルの中にはたくさんの会社や事務所が入っているので、このあたりではたらいている人はふえたと考えられます。

(2)道路が広くなったほうが、多くの自動車が通るのにべんりです。

なぞり道場 何回も書いてかくにんしよう！

果(か)	樹(じゅ)	園(えん)					
博(はく)	物(ぶつ)	館(かん)					
図(と)	書(しょ)	館(かん)					

2 はたらく人とわたしたちのくらし

24ページ きほんのワーク

1 ①日 ②店 ③商品 ④理由
⑤カード

2 ⑥場所 ⑦人 ⑧駅 ⑨自転車
⑩グラフ

25ページ 練習のワーク

1 (1)2つ
(2)①× ②○ ③×

2 下の図の通りです。

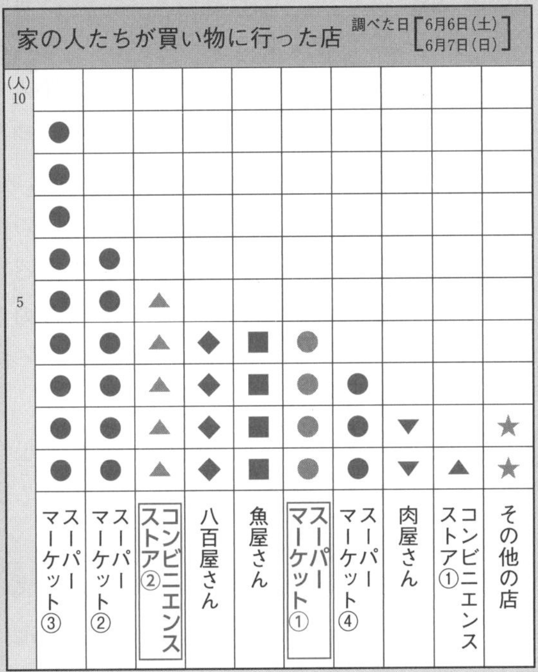

家の人たちが買い物に行った店　調べた日［6月6日(土)　6月7日(日)］

(人)	スーパーマーケット③	スーパーマーケット②	コンビニエンスストア②	八百屋さん	魚屋さん	スーパーマーケット①	スーパーマーケット④	肉屋さん	コンビニエンスストア①	その他の店
10										
	●									
	●									
	●									
	●	●								
5	●	●	▲							
	●	●	▲	◆	■	●				
	●	●	▲	◆	■	●	●			
	●	●	▲	◆	■	●	●	▼		★
	●	●	▲	◆	■	●	●	▼	▲	★

てびき **1** (1)おさむさんの家では、ケーキ屋とスーパーマーケットで買い物をしています。

(2)①買い物調べをする日を決めないと、買い物に行ったお店の数をくらべることができなくなってしまいます。③買った品物を全部書いたほうが、正かくに調べることができます。

2 たとえば、八百屋さんのグラフには4つしるしを入れます。グラフにすると、いちばん多く買い物に行った店がどこか、見た目でもわかりやすくなります。

26ページ きほんのワーク

1 ①日にち ②ねだん ③おつり
④ふえる ⑤もうけ

2 ⑥お買いどく品 ⑦品ぞろえ
⑧新せんさ ⑨かんさつ
⑩インタビュー

27ページ 練習のワーク

1 (1)レシート
(2)㋐、㋒

2 ①㋑ ②㋒ ③㋐

3 ①○ ②× ③× ④○ ⑤○

てびき **1** (1)・(2)レシートは、レジでお金をはらうともらえます。レシートからは、買い物をした日にち、買った品物、レジをたんとうした人の名前などがわかります。

2 お店は工場などから商品を仕入れ、それを仕入れたねだんより高く売ることでもうけを出しています。70円で商品を仕入れた場合、100円で売ることによって、お店は30円もうけたことになります。お店はこのようなもうけをふやそうとくふうしています。

3 ②スーパーマーケットは、いろいろなお客さんがりようしています。調べるときに、お客さんの買い物のじゃまをしてはいけません。③自分のすきな商品だけでなく、お店全体でどのような商品を売っているかを調べるようにしましょう。④お店の人やお客さんへのインタビューが終わったら、きちんとお礼を言いましょう。

28ページ　きほんのワーク

1 ①大きく　②しゅるい　③ひやした　④自動車　⑤広い　⑥しょうがい

2 ⑦仕入れ　⑧品質　⑨時間　⑩お金

29ページ　練習のワーク

1 ①㋐　②㋕　③㋓　④㋒　⑤㋑　⑥㋔

2 ①㋑　②㋔　③㋒　④㋐　⑤㋓

てびき **1** ①トマトのねだんが大きく書かれています。ねだんを見やすくするくふうです。②たくさんのしゅるいの商品をおいて、品ぞろえをよくしています。④店内の通路を広くして、楽にいどうできるようにすることは、買い物のしやすさにつながります。⑥**補助犬**とは、体の不自由な人の助けになるようにくんれんされた犬のことです。目の不自由な人のための盲導犬は、補助犬のなかまです。

2 ①スーパーマーケットでは、べんとうやおにぎりなどの多くのそうざいを店内でつくっています。②仕入れた商品はトラックで店にとどけられます。③お客さんに見やすいようにくふうして商品をならべています。⑤商品の安全・安心を守る大事な仕事です。

30ページ　きほんのワーク

1 ①農家　②外国　③小麦　④ブラジル　⑤ほこり　⑥産地

2 ⑦ちらし　⑧お客さん　⑨リサイクル　⑩消費期限

31ページ　練習のワーク

1 ①○　②×　③○　④×

2 ①㋓　②㋒　③㋕　④㋐　⑤㋗　⑥㋑　⑦㋔　⑧㋖

てびき **1** ①商品は、他の市や県からも仕入れます。②野菜や果物を、農家からちょくせつ仕入れることもあります。④より安く安全な商品を手に入れるため、外国から仕入れることもあります。

2 ②一人ぐらしの人に向けた小分けの商品も売られています。④**消費期限**は商品を見ればわかります。お店の人がたしかめて、消費期限が近くなった商品は、安く売ったり、取りのぞいたりします。お客さんに新せんな商品を買ってもらうためのくふうです。⑥**大きな駐車場**があれば、自動車で買い物に行きやすくなります。⑦**リサイクルコーナー**では、ペットボトルや牛にゅうパックなどの回しゅうを行っています。⑧ペットボトルを回しゅうするきかいをおいて、買い物のほかにも、リサイクルをしてポイントがたまる取り組みをしているお店もあります。

32・33ページ　まとめのテスト

1 下の図の通りです。

2 ①㋐　②㋔　③㋒　④㋑　⑤㋓

3 (1)①たまねぎ、じゃがいもから１つ　②イタリア

(2)①○　②×　③○　④×

4 ①○　②×　③○　④○

てびき **1** それぞれのお店のところに、買い物に行った人数を●でかきこみます。いちばん人数が多いのは、スーパーマーケット③の10人です。

2 ①やわらかい商品や形がくずれやすい商品は、**ていねい**にあつかうひつようがあります。②商品が正面を向いていれば、お客さんは何の商品かすぐにわかります。④お客さんがふえる時間にたくさんそうざいをつくります。⑤店の商品が売り切れにならないように、店にとどく時間や商品のりょうをくふうしています。

3 (1)①たまねぎは北海道の他に、佐賀県からも仕入れています。②チーズを仕入れているのは、外国のイタリアです。

(2)②さつまいもの鹿児島県、トマトの熊本県は、このスーパーからは遠い県です。④たこは外国のモーリタニアから仕入れています。

4 ②消費期限は、商品を安全に食べるために決められています。③同じ商品でも、お店によってねだんがちがうことがあります。ちらしを見ることで、ねだんをくらべることができます。④リサイクルボックスを使えば、ごみを新しい製品にさいりようできます。

なぞり道場 何回も書いてかくにんしよう！

ひん	しつ						
品	質						
さん	ち						
産	地						
しょう	ひ	き	げん				
消	費	期	限				

34ページ きほんのワーク

1 ①近所　②料理　③夜　④べんとう　⑤トラック　⑥宅配便　⑦協力　⑧インターネット　⑨個人こうにゅう　⑩時間

35ページ 練習のワーク

1 ①㋐　②㋑　③㋒　④㋐

2 ①㋐　②㋑　③㋑　④㋐

てびき **1** ①コンビニエンスストアは朝早くから夜おそくまで開いているべんりなお店です。スーパーマーケットにくらべてお店は小さいですが、まちにいくつもつくられています。③個人こうにゅうすると、商品を家までとどけてくれます。車の運転ができない人にとってべんりなしくみです。④コンビニエンスストアでは、食品や日用品のはん売のほか、コピーを取ったり、宅配便を受けつけたりするサービスも行っています。

2 インターネットで商品を買うしくみを、オンライン・ショッピングといいます。お店に行かずに買い物ができるので、いそがしい人や近くにお店がない人にとってはべんりですが、じっさいの商品を見ないで買うので、注意がひつようです。商店街では、イベントを開いたり、商店街のお店で使えるポイントカードをつくったりして、売り上げを高めるくふうをしています。

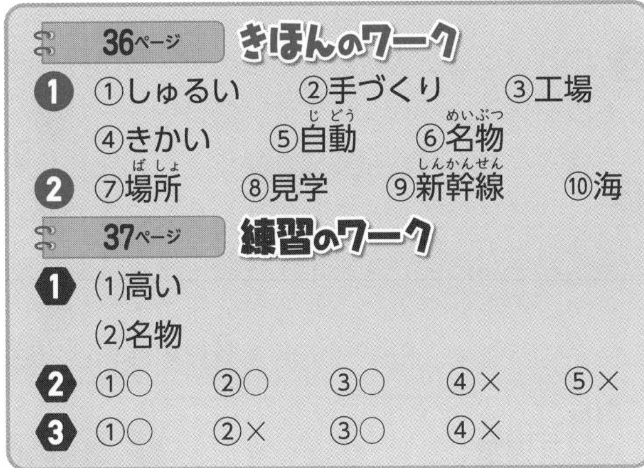

36ページ きほんのワーク

1 ①しゅるい　②手づくり　③工場　④きかい　⑤自動　⑥名物

2 ⑦場所　⑧見学　⑨新幹線　⑩海

37ページ 練習のワーク

1 (1)高い　(2)名物

2 ①○　②○　③○　④×　⑤×

3 ①○　②×　③○　④×

てびき **1** (1)グラフを見ると、横浜市で1年間にしゅうまいに使われるお金は、全国へいきんの約2倍であることがわかります。

2 ①工場は、海の近くに集まっていますが、鉄道や道路ぞいにもあることが地図からわかります。②しゅうまい工場は海の近くではなく、道路のそばにあります。③鉄や化学、自動車などの工場は、船で原料や製品を運ぶので、海のそばにあるほうがべんりです。④パン工場は市の南がわにあります。⑤きかい工場は海のそばの他、鉄道や道路のそばにもあります。

3 ②わからないことを調べるために見学に来ているので、工場の人にいろいろしつもんしてみましょう。④工場の人のめいわくになってしまうので、お手つだいをするひつようはありません。

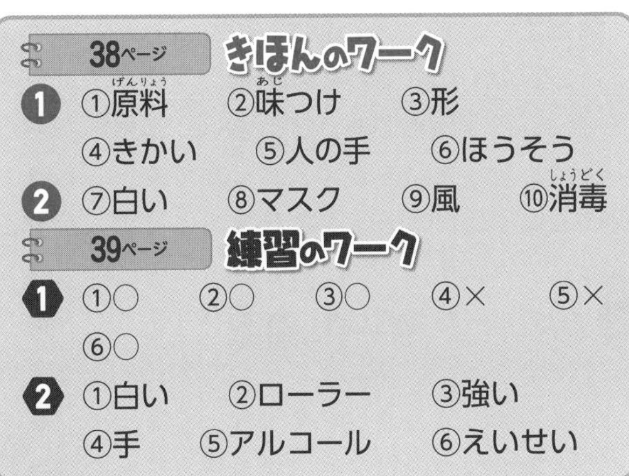

38ページ きほんのワーク

1 ①原料　②味つけ　③形　④きかい　⑤人の手　⑥ほうそう

2 ⑦白い　⑧マスク　⑨風　⑩消毒

39ページ 練習のワーク

1 ①○　②○　③○　④×　⑤×　⑥○

2 ①白い　②ローラー　③強い　④手　⑤アルコール　⑥えいせい

てびき **1** ①工場ではたらく人はえいせいにとても気をつけています。②しゅうまいをむすときや箱づめをするときなどに大きなきかいを使います。③・④服そうは決められており、ぼうしやマスク、くつなどすべて白にしている工場が多いです。白はよごれが目だつためです。⑤たまねぎやほたて貝の貝柱もしゅうまいの原料です。

❷ ①白い服はよごれが目だつので、せいけつさを心がけるようになります。②ローラーを使ったほうがまんべんなくほこりやよごれを取れます。③強い風でかみの毛やほこりをふきとばします。また、手のとどかない所のほこりも取れます。④手は食品にふれる部分なのでていねいにあらいます。⑤あついお湯を人間の手にかけるとやけどをしてしまうので、アルコールを使って消毒します。⑥えいせいとは、病気をふせいで、身のまわりをきれいにすることです。食べ物をつくる工場では、何よりもえいせいに気をつけています。

40ページ きほんのワーク

❶ ①開発　②研究　（①と②は順不同）
③注文　④トラック　⑤分たん

❷ ⑥直営店　⑦高速道路　⑧広い
⑨外国　⑩船

41ページ 練習のワーク

❶ ①㋐　②㋑　③㋒　④㋑　⑤㋐
⑥㋒

❷ (1)㋐
(2)㋑、㋒
(3)㋑

てびき ❶ ①と⑤では、新しい商品を研究・開発しています。②と④は、つくられたしゅうまいを正かくにとどけるために、事務室ではたらく人が行う仕事です。③と⑥は、工場からお店までしゅうまいを運ぶ人の仕事です。しゅうまい工場では、さまざまな仕事を多くの人が分たんしています。

❷ (1)あまった製品はすてずにひりょうなどにして、ゆうこうにりようしています。しゅうまい工場では、ごみをへらすどりょくをしています。

(2)箱やつつみ紙など、紙を使ったものはリサイクルできます。リサイクルとは、いらなくなったものを原料にもどして、また新しい製品につくりかえることで、地球のかんきょうにやさしい取り組みです。

(3)しゅうまいはもともと中国の食べ物でした。横浜市は港町で外国人が多く、中華街がつくられたことから名物のしゅうまいが生まれました。しゅうまいを日本人がすきな味つけにするくふうをして売り出したことで、横浜市の名物になりました。

42・43ページ まとめのテスト

1 ㋐3　㋑5　㋒1　㋓2　㋔4
㋕6

2 ①㋑　②㋓　③㋒　④㋐　⑤㋔

3 ①○　②×　③×　④○　⑤×

4 ①リサイクル　②えいせい
③分たん　④出荷

てびき **1** しゅうまいづくりは、原料のじゅんび→練り肉・皮づくり→形をつくる→むす→しゅうまいを箱につめる→しょう油などのふぞく品を箱につめる→箱をほうそうする、の順で行われます。

2 ①はきかいをあらっている様子、②はしゅうまいのけんさをしている様子、③は強い風で服についたかみの毛やほこりを取っている様子、④はアルコールで手を消毒している様子、⑤はていねいに手をあらっている様子です。

3 地図をよく見て答えましょう。①ぶた肉は、栃木県などから仕入れています。②グリンピースはニュージーランドから仕入れています。③小麦は、カナダとアメリカの2か国から仕入れています。④ほたて貝は、オホーツク海(北海道)から仕入れています。⑤たまねぎは、北海道などから仕入れています。

4 ①箱やつつみ紙を集めてもう一度新しい紙につくりかえる取り組みをリサイクルといいます。他の製品に生まれかわらせることで工場から出るごみをへらすことができます。④工場でできた製品は、高速道路などを使って、他の市や県にも出荷されます。

なぞり道場　何回も書いてかくにんしよう！

原料							
えいせい							
分たん							
出荷							

44ページ　きほんのワーク

❶ ①安心　②地産地消　③給食
④農協　⑤運ぶ

❷ ⑥北　⑦南　⑧西　⑨野菜
⑩手紙

45ページ　練習のワーク

❶ ①×　②○　③×　④○

❷ ①○　②×　③×　④○

❸ ①キャラクター　②大きな都市

てびき ❶ ①給食には、地いきでとれたこまつなやほうれんそう、キャベツなどが使われています。③農家の人や農協からちょくせつ買えば、青果市場やスーパーマーケットなどに野菜を運ぶ時間や手間がへります。

❷ ②野菜の育て方だけでなく、農家の仕事とわたしたちとのつながりも調べます。③見学しているときは、話はしずかにきかなければいけません。

❸ ①「はま菜ちゃん」は、横浜生まれの野菜やくだものなどを子どもに向けてPRするキャラクターです。横浜でつくられた野菜を使った新しい学校給食のメニューをていあんする「はま菜ちゃん料理コンクール」は、毎年行われています。こまつなは、すぐに出荷できる大きな都市のまわりでつくられることが多い野菜です。一方、山の多い高い土地では、すずしい気候を生かしてレタスなどがさかんにつくられています。

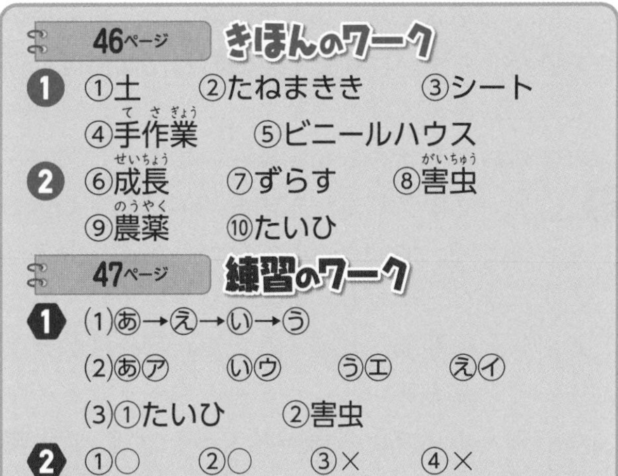

46ページ　きほんのワーク

❶ ①土　②たねまきき　③シート
④手作業　⑤ビニールハウス

❷ ⑥成長　⑦ずらす　⑧害虫
⑨農薬　⑩たいひ

47ページ　練習のワーク

❶ (1)あ→え→い→う
(2)あア　いウ　うエ　えイ
(3)①たいひ　②害虫

❷ ①○　②○　③×　④×

てびき ❶ (1)野菜づくりは、まず土をたがやすところから始まります。やわらかくなった土にこまつなのたねをまき、シートをかぶせて育てていきます。育ったら手作業でしゅうかくをします。

(2)あはこううんきで土をやわらかくしているところ、いはシートをかぶせているところ、うは手作業でしゅうかくしているところ、えはたねまききでたねをまいているところです。

❷ ①こまつなは、成長が早いので1年に5回も育てることができます。③にんじんのたねまきが始まるのは6月ごろからです。④はくさいのしゅうかくは、11月から2月にかけて行われます。

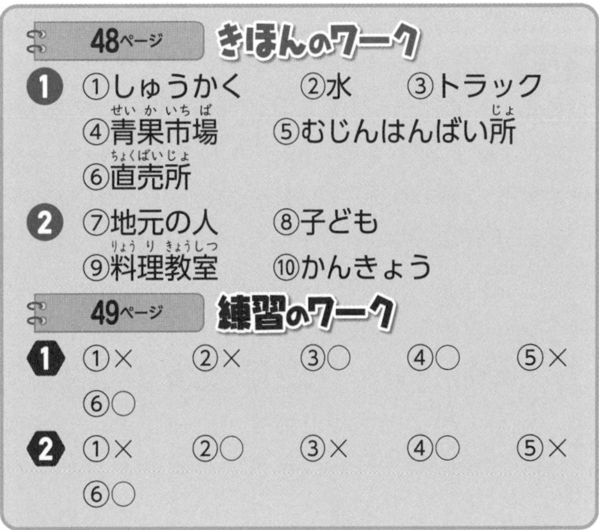

48ページ　きほんのワーク

❶ ①しゅうかく　②水　③トラック
④青果市場　⑤むじんはんばい所
⑥直売所

❷ ⑦地元の人　⑧子ども
⑨料理教室　⑩かんきょう

49ページ　練習のワーク

❶ ①×　②×　③○　④○　⑤×
⑥○

❷ ①×　②○　③×　④○　⑤×
⑥○

てびき ❶ ①こまつなは新せんさが大切なので、しゅうかくしたらすぐに出荷します。②青果市場に出荷するほか、農協の直売所でも売ります。③青果市場から、八百屋さんやスーパーマーケットなどに運ばれ、店頭にならびます。④根などについた土や葉のよごれなどを水であらって取りのぞきます。⑤青果市場には、市外や他の県からも買いに来ます。⑥むじんはんばい所では、お店の人はいませんが、お客さんは買った分のお金をきちんとしはらいます。

❷ ①地いきの子どもたちに農業体けんをしてもらうことで、地いきとのつながりがより深まります。また、子どもも野菜づくりについてもっとくわしく知ることができます。③料理教室で地元の野菜を使い、じっさいに食べることで地元の野菜のよさを実感してもらいます。⑤「地産地消」とは、「地」元で生「産」された野菜を、「地」元で「消」費するということです。野菜を遠くまで運ぶ手間や時間がはぶけ、しかも新せんな野菜を安心して食べることができます。⑥たいひとは、土のえいようになるひりょうの一つです。野菜づくりには、地いきの人の協力がかかせません。

50・51ページ まとめのテスト

1 (1)㋕→㋓→㋐→㋔→㋒→㋑

(2)〈れい〉つづけてしゅうかくできるから。

(3)①㋐　②㋑　③㋒　④㋑

⑤㋐　⑥㋓

(4)ビニールハウス

2 ①×　②○　③○　④×　⑤○

3 ①㋑　②㋔　③㋐　④㋓　⑤㋒

てびき **1** (1)㋕(こううんきで土をやわらかくする)→㋓(たいひをまぜ、土を平らにする)→㋐(たねまききを使って、たねを等しいかんかくでまく)→㋔(シートをかぶせる)→㋒(シートを外す)→㋑(手作業でしゅうかくする)の順です。

(2)たねまきを何回かに分けて行えば、しゅうかく時期がずれて、つづけて出荷できます。

(3)①・⑤はこまつなのせつめいです。こまつなは、夏の間はたねをまいてから2か月くらいでしゅうかくできます。②・④はトマトのせつめいです。トマトは10月から2月の間は農作業をしないことが作物カレンダーからわかります。③はにんじん、⑥ははくさいのせつめいです。

(4)ビニールハウスは、じょうぶなぼうのパイプとビニールでつくられた温室のことです。中をあたたかくすることができるため、寒い時期でも野菜を育てることができます。

2 ①こまつなは、市の青果市場や、他の県、もしくは都などにも運ばれています。②こまつなのたねは国内産も使われますが、アメリカ、オーストラリア、大韓民国からも運ばれています。③・④畑でとれたこまつなは、市の青果市場から他の県や市に運ばれます。⑤農協(農業協同組合)の直売所などには、青果市場を通さず、ちょくせつ畑から送られます。地図を見ると、ちょくせつこまつなが運ばれている店は、横浜市内にあります。

3 ②たいひをつくるため、地いきの人から木のえだや馬のふんを分けてもらいます。③野菜のしゅうかく体けんをすれば、店にならんでいる野菜がどのような場所で育てられているのか実感できます。④市内の市場から、地元のスーパーマーケットや八百屋さんに運ばれます。⑤どこでだれがつくった野菜なのかがわかるので、安心して食べることができます。

なぞり道場　何回も書いてかくにんしよう！

ち	さん	ち	しょう				
地	産	地	消				
のう	きょう						
農	協						
ビ	ニ	ー	ル	ハ	ウ	ス	
せい	か	いち	ば				
青	果	市	場				

3　地いきの安全を守る

52ページ　きほんのワーク

❶ ①タイトル　②クラスの人　③人数
④住んでいる地区　⑤10　⑥あか木
⑦うつりかわり　⑧へって

53ページ　練習のワーク

❶ (1)たてじく…人口〔人数〕　横じく…年
(2)①○　②×　③○

❷ (1)下の図の通りです。

12（人）
10
8
6
4
2
0

八百屋さん　魚屋さん　文ぼう具屋さん　スーパーマーケット①　スーパーマーケット②　コンビニエンスストア①　コンビニエンスストア②

(2)㋑

てびき ❶ (1)たてじくには(人)とあるので人口(人数)、横じくには2020年などとあるので年を表していることがわかります。

(2)①1990年の人口はおよそ５万6000人です。②2020年の人口はおよそ８万1000人なので、10万人をこえていません。③グラフを見ると、1990年、2000年、2010年、2020年と人口がふえていることがわかります。ぼうグラフにすると、ふえていることが見た目でわかりやすくなります。

❷ (1)たてじくの目もりをしっかり見て、表の人数を見ながらグラフにかいていきましょう。

(2)買い物に行った人数を調べると、㋐の魚屋さんは２人、㋑のスーパーマーケット①は10人、㋒のスーパーマーケット②は７人、㋓のコンビニエンスストア①は６人なので、人数がいちばん多かった店はスーパーマーケット①です。

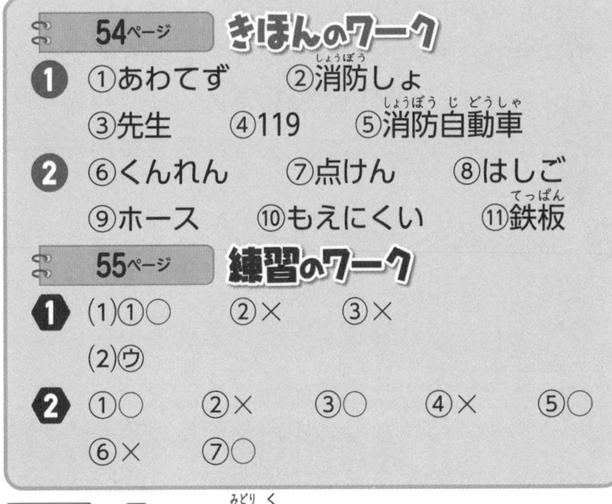

54ページ　きほんのワーク

❶ ①あわてず　②消防しょ
③先生　④119　⑤消防自動車

❷ ⑥くんれん　⑦点けん　⑧はしご
⑨ホース　⑩もえにくい　⑪鉄板

55ページ　練習のワーク

❶ (1)①○　②×　③×
(2)㋒

❷ ①○　②×　③○　④×　⑤○
⑥×　⑦○

てびき ❶ (1)②緑区には１つの消防しょと４つの消防しゅっちょう所があります。③市民防災センターがあるのは、神奈川区です。

(2)㋐と㋑を調べただけでは、消防しょではたらく人以外の取り組みがわかりません。

❷ ②大きな火事のときは、他の消防しょにおうえんをたのむことがあります。④早く出動できるように、防火ズボンと防火ぐつはいっしょにしておいてあります。すぐに使えるように、きれいにならべています。⑥火事の現場では何かが足もとに急に落ちてくることもあります。そこで、足を守るために防火ぐつには鉄板が入っています。

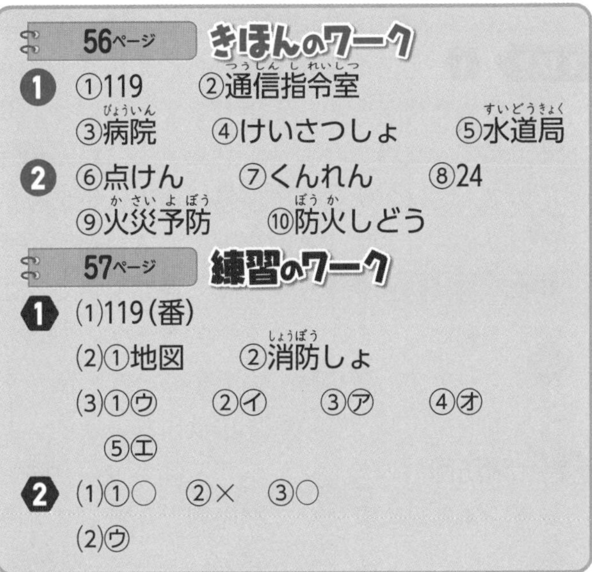

56ページ　きほんのワーク

❶ ①119　②通信指令室
③病院　④けいさつしょ　⑤水道局

❷ ⑥点けん　⑦くんれん　⑧24
⑨火災予防　⑩防火しどう

57ページ　練習のワーク

❶ (1)119(番)
(2)①地図　②消防しょ
(3)①㋒　②㋑　③㋐　④㋔
⑤㋓

❷ (1)①○　②×　③○
(2)㋒

てびき ❶ (2)通信指令室のコンピューター画面には地図がうつし出されるので、火事の現場や、いちばん近い消防しょがすぐにわかります。

(3)①火事でもし電線が切れた場合、電線をさわって感電する人がいないように、電力会社にれんらくします。②病院ではけが人のちりょうを行います。③火がガスに引火しないように、**ガス会社**にれんらくしてガスをしばらく止めてもらいます。④**けいさつしょ**の人は、現場のまわりがじゅうたいしないように交通整理を行います。

2 (1)①午前８：30にきんむに入って、よく日の午前８：30に次の人と交たいしているので、24時間きんむだとわかります。②火事がないときも、**くんれん**などを行っています。

(2)火事が起きたときに、たてものから人がひなんできるかを点けんします。

58ページ　きほんのワーク

1 ①消火器　②消火栓　③熱感知器
④防火せつび　⑤同じ　⑥階段

2 ⑦消防団　⑧消火箱　⑨ホース
⑩消防しょ　⑪協力

59ページ　練習のワーク

1 ①消火器、㋓
②けむり感知器、㋐
③消火栓、㋕
④自動火災ほうちせつび、㋒
⑤防火シャッター、㋑
⑥救助ぶくろ、㋔

2 ①○　②×　③×　④○

てびき **1** ①は消火器で、レバーをにぎると消火用のえき体などがふき出します。②はけむり感知器で、屋内でけむりが発生するとはんのうします。③は消火栓です。④は自動火災ほうちせつびで、どこで火事が起きているかがわかります。⑤は防火シャッターで、通路をふさぐことで、火がもえ広がるのをふせぎます。⑥は救助ぶくろです。下の階で火事が起きて、階段を使ってひなんできないときに役に立ちます。

2 ①**消防団**の人たちは、ふだんは自分の仕事をしています。②交たいで24時間きんむしているのは、消防団ではなく、消防しょの人です。③・④消防団は、消防しょと協力して消火活動にあたるので、消防の道具の点けんや消火のくんれんを行います。

60・61ページ　まとめのテスト

1 (1)2015年のグラフを赤色でぬる。
(2)2020年のグラフを青色でぬる。
(3)(およそ)200(件)

2 (1)㋑、㋓
(2)〈れい〉熱から首や耳を守る。

3 (1)119(番)
(2)通信指令(室)
(3)㋐、㋒、㋔

4 (1)①○　②×　③×　④○
(2)①点けん　②くんれん

5 (1)消防団
(2)①消火栓　②プール

てびき **1** (1)グラフを見ると、2015年の火事の件数がもっとも多いことがわかります。

(2)グラフを見ると、2020年の火事の件数がもっとも少ないことがわかります。

(3)火事の件数はたてじくの数字でわかります。2022年のグラフは、200件のめもりのところにあります。

2 (1)㋐は**消防団**のせつめいです。㋑**消防しょ**では、通報から１分で出動し、いち早く現場にかけつけられるように、ふだんからくんれんしています。㋒小学校の先生たちは、学校で火事が起きたときのために消防計画をつくり、消火活動やけが人の手当てなどのたんとうを決めています。

(2)㋐は防火服の「しころ」というそうびです。防火服には、その他にもさまざまなくふうがあります。ヘルメットのまん中の出っぱりは、外からのしょうげきをやわらげて、頭を守る役わりがあります。

3 (2)**119番**の電話は**通信指令室**につながります。

(3)**通信指令室**は、消火や救助の活動にかんけいのある電力会社やけいさつしょ、病院などにれんらくします。

4 (1)②当番の次の日は非番になっています。③１日めと７日めは、休みは１人だけです。

(2)消防しょの人は、火事のないときでもくんれんや道具の点けんを行っています。

5 (1)**消防団**は、地元の人々でつくられた地いきの組織です。

(2)①消火するときは、**消火栓**から水を引きます。②プールには、１年中水をためておき、火事にそなえています。

なぞり道場　何回も書いてかくにんしよう！

しょう	ぼう						
消	防	し	ょ				

つう	しん	し	れい	しつ			
通	信	指	令	室			

しょう	か	せん					
消	火	栓					

しょう	ぼう	だん					
消	防	団					

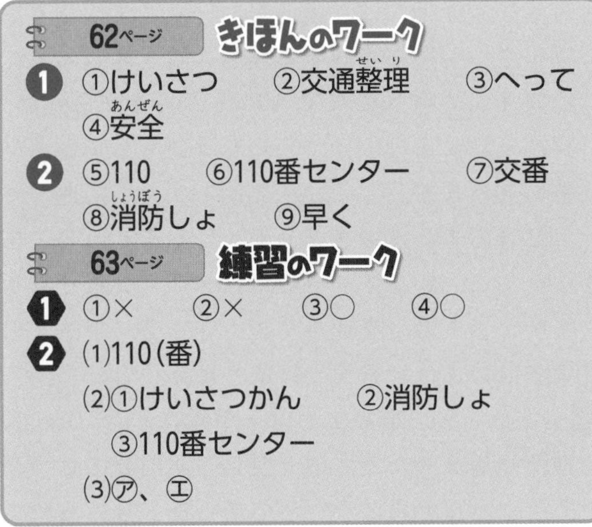

62ページ　きほんのワーク

❶ ①けいさつ　②交通整理　③へって　④安全

❷ ⑤110　⑥110番センター　⑦交番　⑧消防しょ　⑨早く

63ページ　練習のワーク

❶ ①×　②×　③○　④○

❷ (1)110(番)

(2)①けいさつかん　②消防しょ　③110番センター

(3)㋐、㋓

てびき ❶ ①もっとも多いのは自転車に乗っているときです。②自転車に乗っているときは438人で、バイクなどに乗っているときは188人です。③歩いているときは175人でもっとも少ないです。④自転車に乗っているときは438人で、400人をこえています。

❷ (1)火事のときにかける119番とまちがえないようにしましょう。

(2)②救急車を出動させるのは消防しょです。③交通事故の通報を受けた110番センターは近くのけいさつしょや消防しょなどにれんらくします。

(3)㋑・㋒は消防しょの仕事です。

64ページ　きほんのワーク

❶ ①パトロール　②交通安全教室　③交通しどう　④道あんない

❷ ⑤カーブミラー　⑥ガードレール　⑦点字ブロック　⑧おしボタン　⑨自転車　⑩ひょうしき

65ページ　練習のワーク

❶ ①×　②○　③○　④×

❷ (1)①㋒　②㋐　③㋓　④㋑

(2)①ヘルメット　②二人乗り　③ライト　④指示

てびき ❶ ①けいさつは、自動車の取りしまりだけでなく、自転車の交通しどうも行います。夜にライトをつけていなかったり、二人乗りをしたりすると、しどうのたいしょうになります。②交番には、道がわからなくなってたずねてくる人がいます。**道あんない**もけいさつの仕事の一つです。③交通事故でなくなったり、けがをしたりする小学生を少しでもへらすため、けいさつは小学校などで**交通安全教室**を開きます。交通安全教室では、通学路で気をつけることや交差点のわたり方などについて小学生たちにていねいに教えます。④地いきの**パトロール**は夜だけではなく、昼も行っています。昼は、他にも一人ぐらしのお年寄りの家をたずねて防犯をよびかけたりします。

❷ (1)①ガードレールは、自動車が車道からそれたときに、歩道にいる歩行者を守る役わりがあります。②カーブミラーを見れば、近づいてくる自動車や自転車がいないかどうかがわかります。③**点字ブロック**は、進行方向を線でしめすものや、階段の前、横断歩道の前など注意する所を点でしめすものがあります。④おしボタン式信号きは、ボタンをおすと青信号にかわるので、安心して道路をわたれます。

(2)自転車はべんりな乗り物ですが、ヘルメットをかぶる、二人乗りはしない、暗くなったらライトをつけるなどの交通ルールを守ることが大切です。また、交差点ではしょうとつ事故も多いので、交差点ではいったん自転車をとめて、安全をかくにんするようにしましょう。

66ページ きほんのワーク

❶ ①事故や事件　②110　③町会
④安全　⑤パトロール

❷ ⑥きけん　⑦歩道　⑧わるい
⑨法　⑩交差点

67ページ 練習のワーク

❶ (1)①○　②×　③○　④×
(2)㋑

❷ ①㋐　②㋒　③㋑

❸ (1)①赤色でぬる。
②青色でぬる。
(2)㋒

てびき ❶ (1)②はけいさつの仕事です。事故や事件をふせぐために、けいさつだけではなく、地いきの人々もさまざまな取り組みを行っています。

(2)安全会議には、地いきの人だけではなく、学校の先生やけいさつしょの人なども参加して、地いきの安全について話し合います。

❷ 安全マップとは、事故や事件が起こりやすい場所や、安全のためのしせつなどをしめした地図です。みんなで話し合って安全マップをつくると今まで気づかなかったことも見えてきます。

❸ (1)①のように、人通りの少ない道路は、事件が起きても助けをよびにくいきけんな場所です。近づかないようにしましょう。

(2)110番は事件を通報するときの電話番号です。「**こども110番の家**」は、子どもたちが身のきけんを感じたり、こまったことがあったときに、安心してにげこめる場所です。

68・69ページ まとめのテスト

1 (1)110(番)
(2)(い)㋑、㋒　(う)㋐

2 (1)①㋓　②㋑　③㋒　④㋐
(2)ルール

3 (1)①㋓　②㋑　③㋒　④㋐
(2)〈れい〉歩道にいる歩行者を守るため。

4 (1)安全会議
(2)㋑
(3)①交番　②安全　③協力

てびき **1** (1)110番は、事故や事件があったときのきんきゅうれんらく用の電話番号です。けいさつへの問い合わせや相談などの場合は使ってはいけません。

(2)(い)のけいさつしょはパトロールカーを現場へ出動させ、事故の原因を調べたり、交通整理をします。交通事故が起こると、現場を通行止めにしたりして、ふだんと同じように車や人が通れなくなるので、交通整理がひつようです。

2 (1)①は行き先の道あんないをしているところ、②は自転車の交通しどうをしているところ、③は小学校で交通安全教室を行っているところ、④は地いきのパトロールをしているところです。最近は日本でも外国人の観光客がふえたので、有名な観光地では、道あんないやこまりごとをけいさつかんに相談する外国人観光客もふえています。外国人のなやみにたいおうするため、英語を話せるけいさつかんをはいちしている交番もあります。

(2)身のまわりのきまりや、やくそくのことをルールといいます。自転車はべんりな乗り物ですが、きちんと交通ルールを守って、事故を起こさないように気をつけましょう。

3 (1)①ボタンをおすと信号が青にかわります。横断歩道をわたる人の安全を守るためのせつびです。③自転車と歩行者の通る道が分けられていれば、歩行者は安心して歩けます。また、自転車に乗っている人も車道を走らずにすむので、安全に進むことができます。④カーブミラーは、交差点や見通しの悪い道路でのしょうとつ事故をふせぎます。

(2)ガードレールは、主に自動車が歩道に入ってくるのをふせぐとともに、歩行者のむやみな道路の横だんを予ぼうすることを目てきにせっちされたしせつです。

4 (1)安全会議では、防犯パトロールの日時や場所を決めたり、近くで起きた事故や事件のじょうほうをみんなでつたえあったりして、子どもの安全を守ろうとしています。

(2)事件にまきこまれそうになったとき、助けをもとめることができる家や店にはられた表示は、㋑の「こども110番」です。㋐は、横断歩道を表す道路ひょうしきです。㋒は歩行者の道路の横だんをきん止する道路ひょうしきです。

(3)交番はわたしたちの生活に身近なそんざいです。交番のけいさつかんは、地いきの安全で安心な生活を守るため、毎日はたらいています。また、地いきの安全や安心は、けいさつかんだけで実現できるものではなく、地いきの人々の協力がひつようです。

なぞり道場　何回も書いてかくにんしよう！

け	い	さ	つ	し	ょ		
パ	ト	ロ	ー	ル			
交（こう）	通（つう）	整（せい）	理（り）				
交（こう）	通（つう）	安（あん）	全（ぜん）	教（きょう）	室（しつ）		

4　わたしたちの市の歩み

70ページ　きほんのワーク

❶ ①うす　②人　③郷土資料室
④かま　⑤すいはんき　⑥七輪

❷ ⑦石うす　⑧時間　⑨明かり
⑩こつ

71ページ　練習のワーク

❶ (1)①㋑　②㋒　③㋐　④㋓
(2)③、④　(3)②、③

❷ (1)㋒　(2)②、③

てびき ❶ (1)①はＩＨクッキングヒーター、②はすいはんき、③はかま、④は七輪です。七輪は木炭などをもやして魚をやくときなどに使います。 すいはんきとかまはごはんをたくための道具です。ＩＨクッキングヒーターは電気の力で加熱します。ガスや火は使いません。

(2)③のかまと④の七輪が昔の道具です。かまでたいたごはんや七輪でやいた魚は、どくとくのおいしさがあるので、今でも使う人がいます。

❷ (1)昔の道具やくらしは、**郷土資料館**に行けば調べることができます。郷土資料館では、じっさいに使われていた昔の道具をてんじしていたり、昔のくらしの様子をもけいや人形を使ってさいげんしたりしているので、見学に行くと本だけではわからないさまざまなことを学ぶことができます。

(2)②道具の使われ方も調べて書きます。④道具が使われていた時期も、大切なじょうほうです。

72ページ　きほんのワーク

❶ ①郷土資料館　②木　③まき
④千歯こき　⑤かまど
⑥電化せい品

❷ ⑦短く　⑧保温　⑨テレビ
⑩コンピューター　⑪べんり

73ページ　練習のワーク

❶ (1)①千歯こき　②石うす
(2)①㋑　②㋒
(3)①大正　②昭和　③平成

❷ ①㋑　②㋐　③㋐

てびき ❶ (1)①は千歯こき、②は石うすです。千歯こきは、とがった鉄の歯がたくさんならんでいて、歯の間にいねを通すともみがとれるしくみです。

(2)①千歯こきを使う前はいねから少しずつもみをとっていましたが、千歯こきのおかげで一気に何本ものいねからもみをとれるようになりました。②石うすは、だいずや麦などのこなをつくる道具です。石をこすりあわせることで、だいずや麦をすりつぶし、こなにすることができます。

(3)年号はある年代の期間を表す言葉です。2018年は平成30年、2020年は令和２年というように年を表すこともできます。明治(1868年から1912年)の次は、大正(1912年から1926年)→昭和(1926年から1989年)→平成(1989年から2019年)→**令和**(2019年から)とつづいています。

❷ ①コンピューターは、お父さんやお母さんの子どものころに学校でも使われるようになりました。②おじいさんやおばあさんが子どものころは、テレビゲームなどはなく、家の外でめんこなどをして遊んでいました。

74ページ　きほんのワーク

❶ ①外　②せんたく板　③自動
④時間　⑤楽　⑥電気

❷ ⑦水　⑧せんたくき
⑨テレビゲーム　⑩インターネット

75ページ　練習のワーク

❶ ①㋐　②㋑　③㋑　④㋐
⑤㋐　⑥㋑

❷ (1)①㋐　②㋒　③㋑
(2)①㋕　②㋓　③㋔
(3)㋔

てびき ❶ ①のせんたく板とたらいは、昔の道具です。この道具でせんたくをすると、しゃがみながら１まいずつ手であらうので、つかれるし時間もかかりました。今は自動せんたくきが使われ、最初にせんたくものを入れた後は、自動でせんたくをしてくれるので、ほとんど手間がかかりません。⑥**電化せい品**とは、電気を使って動く、せんたくきやテレビなどの道具です。

❷ (1)①から③は音楽をきく道具です。レコードプレーヤー→ＣＤプレーヤー→けいたい音楽プレーヤーの順にうつりかわってきました。

(2)①スマートフォンで電化せい品をそうさする様子はわたしたちが生まれ育ったころの様子です。②の井戸で水をくむ様子は、おじいさんやおばあさんが生まれ育ったころの様子です。③テレビゲームで遊ぶようになったのは、お父さんやお母さんの生まれ育ったころの様子です。

(3)昭和から平成になったのは、1989年です。

76・77ページ　まとめのテスト

1 (1)①かま　②七輪　③千歯こき
④石うす
(2)①㋒　②㋐　③㋓　④㋑

2 (1)①㋑　②㋐　③㋐　④㋑
⑤㋐
(2)〈れい〉家事にかかる時間は短くなり、手間もへって楽になった。

3 (1)㋒→㋐→㋑　(2)㋐→㋑→㋒

4 ①○　②×　③○　④○

てびき **1** (1)・(2)①のかまはごはんをたくのに使う道具、②の七輪は魚をやくときなどに使う道具、③の千歯こきはいねからもみをとるのに使う道具、④の石うすはだいずなどをこなにする道具です。

2 (1)③カラーテレビが広がり出したのは、1960年代後半からです。

(2)昔の道具は、人の手で動かすものが多く、時間もかかり、あつかうのがたいへんなものが多くありました。電気やガスで動く道具が使われるようになると、あつかいも楽になり、家事にかかる時間が短くなりました。

3 (1)せんたく板とたらい→二そう式せんたくき→かんそうきのついたせんたくきの順で登場しました。二そう式せんたくきは、せんたくをする所とだっすいをする所が分かれています。

(2)レコードプレーヤー→ＣＤプレーヤー→けいたい音楽プレーヤーの順です。けいたい音楽プレーヤーは、インターネットの広がりとともに使う人がふえました。

4 ①年表にまとめると、人の力にたよっていたくらしが、電気をりようしたきかいを多く使うくらしにかわってきたことがよくわかります。②年表は、昔のできごとから順にならべていきます。すきな順にならべてはいけません。④それぞれの年代のくらしと、使っている道具にはかんけいがあります。昔は井戸から水をくむ家が多かったのですが、水道がふきゅうするとともに、台所の様子もかわっていきました。

なぞり道場　何回も書いてかくにんしよう！

年号（ねんごう）
千歯こき（せんばこき）
郷土資料館（きょうどしりょうかん）

78ページ　きほんのワーク

❶ ①新幹線　②田んぼ　③ビル
④1964

❷ ⑤村　⑥人口　⑦住たく
⑧公共しせつ　⑨年表

79ページ　練習のワーク

❶ ①×　②×　③○

❷ (1)①㋑　②㋒　③㋐　④㋓
(2)①㋒　②㋑　③㋐

てびき ❶ 昔は、駅のまわりは田んぼだったことがわかります。このころは、まだ駅前の開発が進んでいませんでした。

❷ (1)㋑(1889年)→㋒(1911年)→㋐(1937年)→㋓(1939年)の順です。横浜市は、海ぞいの小さなまちからしだいに広がっていきました。また、1889年は明治時代、1939年は昭和時代です。1939年には、海ぞいのうめ立て地をのぞき、今の市とほぼ同じ広さになりました。

(2)学習問題について予想した後、それをどうすればたしかめられるか、考えることが大切です。①鉄道や道路が整えられたかどうかは、交通のうつりかわりを調べればたしかめることができます。②学校や公園など、みんなのためになるたてものを**公共しせつ**といいます。③市に住む人がふえたかどうかは、人口のうつりかわりを調べればたしかめることができます。

80ページ　きほんのワーク

❶ ①地下鉄　②路面　③電車
④高速道路

❷ ⑤畑　⑥工場　⑦うめ立て
⑧へって　⑨ふえた
⑩ニュータウン

81ページ　練習のワーク

❶ ①×　②×　③○　④×　⑤○

❷ ①12　②1968　③ふえ　④378
⑤30

てびき ❶ ①昔は、今にくらべると緑の多い所がたくさんありました。②海ぞいには、緑の多い所はほとんどありません。③緑の多い所には山林がありましたが、山林はどんどん切り開かれ、住たく地や工場などがつくられました。

❷ グラフを読み取って答えましょう。グラフのたてじくは市の人口、横じくは年を表しています。市が始まった1889年の人口はおよそ12万人でしたが、2020年にはおよそ378万人にふえたことがわかります。この間に、人口はおよそ30倍にふえたことになります。

82ページ　きほんのワーク

❶ ①お年寄り　②安心　③市役所
④ぜいきん　⑤全体

❷ ⑥土地　⑦人口　⑧昭和
⑨みなとみらい　⑩まちづくり

83ページ　練習のワーク

❶ ①○　②×　③○　④×

❷ ①㋒　②㋓　③㋑　④㋐
年号：平成

❸ ①へって　②公共しせつ
③バス

てびき ❶ ①・②**ケアプラザ**は、赤ちゃんからお年寄りまでが安心して地いきでくらすための公共しせつです。ケアプラザのような公共しせつは、市役所が中心になって整えます。③国や市などにおさめた**ぜいきん**を使って、ケアプラザや学校、図書館のような公共しせつが整えられます。④昔と今の地いきケアプラザの数をくらべると、今のほうがふえています。これは、お年寄りの数がふえて、ケアプラザをひつようとする人がふえてきたからです。

❷ ①交通の様子なので、㋒が入ります。新幹線は、昭和の年代に開通しました。新幹線がとまるために、それまでの横浜駅の他に新横浜駅がつくられました。新横浜駅には、新幹線以外の路線も乗り入れており、まわりははってんしています。②土地の使われ方なので、㋓が入ります。**みなとみらい**地区の開発が進んだのは平成に入ってからです。③人口の様子なので、㋑が入ります。横浜市の人口が300万人をこえたのは、1985年のことでした。平成に入ってからは、市内でくらす外国人の数がしだいにふえています。④公共しせつの様子なので、㋐が入ります。

❸ 市が始まってから、人口はふえつづけていましたが、これからはしだいにへっていくと考えられています。生まれてくる子どもの数がへり、

人口にしめるお年寄りの数がふえてきています。人口がふえることを予想して交通や住たく、公共しせつの整備が進められましたが、今後は新しいまちづくりがひつようになってきます。

84・85ページ まとめのテスト

1 ①× ②○ ③× ④○ ⑤×

2 (1)①37 ②へった ③181 ④ふえた

(2)〈れい〉田んぼがあった場所を住たく地にしたから。

3 (1)㋐、㋓

(2)①へり ②80

4 ①㋓ ②㋒ ③㋔ ④㋐ ⑤㋑

てびき 1 ①市は、海がわから陸地がわへ、そして南北へしだいに広がっています。②1889年は、海の近くにある小さな市でした。③1911年と1937年をくらべると、東西よりも南北に広がっていることがわかります。④海に面した直線てきな線でかこまれた地いきは、うめ立て地です。

2 (1)昔と今の田んぼの広さをくらべると、1㎞四方の四角形にしておよそ37こ分の田んぼがなくなりました。同じように住たく地の広さをくらべると、1㎞四方の四角形にしておよそ181こ分ふえました。住たく地がふえたことと、市の人口がふえたことはかんけいがあります。

(2)人口がふえたことで、住む場所や公共しせつをつくるひつようがでてきました。市では、田んぼがあった場所が住たく地としてつくりかえられてきました。

3 (1)㋑いったん100万人をこえた人口は、戦争でおよそ62万人にへりました。㋒1951年には、ふたたび人口が100万人をこえました。

(2)2つのグラフを読み取りましょう。1970年から2022年の間に、子どもの数はおよそ53万人からおよそ43万人にへり、お年寄りの数はおよそ10万人からおよそ93万人にふえています。1970年には、子どもの数はお年寄りの数のおよそ5倍でしたが、2022年には、お年寄りの数が子どもの数の2倍をこえました。

4 市役所は、人々のねがいも十分考えながら、これからのまちづくりを進めます。④は㋐の昔からつたわるまつりのしょうかいとむすびつきます。昔からつたわるまつりや工げい品は、地いきのみ力となり、多くの観光客を集めます。⑤は㋑の防火せつびを整えることにむすびつきます。地いきの人々が話し合って安全で安心なまちづくりを進めることはできますが、やはり市役所の協力がかかせません。公共のせつびは市役所を通してぜいきんで整えます。

なぞり道場 何回も書いてかくにんしよう！

じん	こう						
人	口						
しん	かん	せん					
新	幹	線					
ろ	めん	でん	しゃ				
路	面	電	車				
ぜ	い	き	ん				

86ページ きほんのワーク

1 ①路面 ②市役所 ③コミュニティバス ④うめ立て地 ⑤太陽 ⑥発電所 ⑦工場 ⑧へり ⑨客 ⑩いどうはんばい車

87ページ 練習のワーク

1 (1)㋑

(2)㋒

2 ①× ②○ ③○ ④×

3 ①○ ②× ③○ ④×

てびき 1 (1)岐阜県岐阜市で鉄道をりようする人がへったのは、多くの人が自分の自動車を使っていどうするようになったからです。

(2)「ぎふっこバス」の運行を中心になって始めたのは市役所です。交通のように、なくなってはこまるものについては、横浜市のケアプラザなどの公共しせつと同じように市役所が対さくを考えます。「ぎふっこバス」のようなバスはコミュニティバスとよばれ、多くの市町村で取り入れられています。

2 ①・②はじめは主に工場をつくる計画でした

が、一部をへんこうしてメガソーラーという大きな発電所をつくりました。メガソーラーは、太陽の光をりようして電気をつくります。③メガソーラーは、たくさんの太陽電池を地面にならべるので、広くて平らな土地がてきしています。④発電所からはなれた場所にある工場へ電気を送るのは、送電線などのせつびを整えるのがたいへんです。その点、近くの工場へ送るのであればそういったひつようがありません。

❸ ①東京など一部の大都市をのぞき、全国のほとんどの市町村では、人口がへりつづけています。②人口がへってしまうと、お客さんもへってしまうので、お店もつづけていけなくなってしまいます。③**いどうはんばい車**は、さまざまな場所にいどうしてはんばいすることができます。店にとっては今まで店に来られなかった新しいお客さんを見つけられ、お客さんにとっては遠くまで出かけなくてもひつような物が買えるので、どちらにとってもよいしくみです。④いどうはんばい車は、自分で自動車を運転しない人や、足が弱くなって遠くまでなかなか出かけられないお年寄りにとっては、買い物するためのとくに大事な手だてです。

88ページ　きほんのワーク

❶ ①持続可能　②17　③2030
④緑　⑤古いたてもの
⑥食べのこし　⑦リサイクル
⑧協力　⑨安全　⑩市役所

89ページ　練習のワーク

❶ ①×　②○　③×　④×

❷ ①㋑　②㋒　③㋐

てびき ❶ ①**SDGs**は日本語で「持続可能な開発目標」という意味です。③・④SDGsは2015年に国連サミットという国際会議で決められた国際目標で、世界の国々が2030年までにその目標の達成をめざしてさまざまな取り組みを進めています。

❷ ①食べきれないりょうを買って食べのこしをすると、食べ物がむだになってしまいます。そのため、食べ物をむだにしないように買うりょうを考えることが大切です。②木が多くうえられた公園は、人々のいこいの場所となっています。地いきの緑を守ることは森林のげんしょうをふせぐことにつながります。③火事や事故、事件をへらすことは、その地いきを安全にし、人々に安心をもたらすことにつながります。

90ページ　きほんのワーク

❶ ①あいさつ　②名前　③お礼
④メモ　⑤あてさき　⑥ふうとう

❷ ⑦国語辞典　⑧百科事典
⑨ウェブサイト　⑩電子メール

91ページ　練習のワーク

❶ ①×　②○　③○　④×　⑤○
⑥○

❷ ①㋑　②㋒　③㋐

❸ ㋐、㋓

てびき ❶ ①相手が話してくれた大事なことをわすれないために、メモはできるだけ取るようにします。失礼なことではありません。②録音した内ようは相手の発言なので、こちらで勝手にりようしてはいけません。④相手にめいわくをかけないように、都合のよいときにあとでこちらからかけ直すか、こちらの電話番号をつたえて電話をしてもらうようにします。

❷ ①**国語辞典**は言葉の意味を知りたいときに使います。②③**ずかん**も**百科事典**も、何かを調べたり、くわしく知りたいときに使いますが、一つの内ようについてくわしく知りたいときはずかん、さまざまなことを調べたいときは百科事典を使います。

❸ ㋐**インターネット**のウェブサイトに書いてあるじょうほうをすべて正しいと思ってはいけません。インターネットはだれでも自由に書きこめるのがよい反面、すべての内ようが正しいとはかぎらないのです。他のウェブサイトや、しりょうのじょうほうなどと見くらべてたしかめるようにしましょう。㋑インターネットのそうさには、いろいろ気をつけなければいけないことがあるので、自分一人では使わず、学校の先生や家の人といっしょに使いましょう。㋒知らない相手からの**電子メール**は、パソコンにがいをあたえる内ようをふくんでいることもあるので、開いてはいけません。㋓名前や住所などのじょうほうは悪用されるおそれがあるので、ひ

つようのないかぎり電子メールには書きません。

92ページ　きほんのワーク

❶ ①場所　②顔　③かじょう書き
④見出し

❷ ⑤白地図　⑥地図記号　⑦年代
⑧線　⑨つながり

93ページ　練習のワーク

❶ ①○　②×　③○　④×　⑤×
⑥○

❷ ①○　②×　③×　④○　⑤○
⑥×

てびき ❶ ②たてものの中は、勝手に写真をとってはいけません。写真をとるときには、大人の人にかくにんをするようにしましょう。④日付や場所はあとで思い出せなくなることがあるので、メモを取るときに書いた方がよいでしょう。⑤ノートの見出しは、学習したことがすぐにわかるように、目だたせて書きましょう。わかりやすくノートをとることを心がけましょう。

❷ ②地図記号は、だれが見てもわかるようにつくられた記号です。多くの人が意味を知っているので、絵地図よりも地図記号を使った地図のほうがわかりやすくなります。③地図をかくときは、土地の様子や使われ方もなるべくかくようにしましょう。⑥**かんけい図**は、かんけいのあるできごとを線でつないでいく図のことです。それぞれのつながりやかかわりが見えるので、みんなにつたわりやすくなります。

94ページ　きほんのワーク

❶ ①地図帳　②山　③高さ
④ひくい　⑤高い　⑥さくいん

❷ ⑦はんれい　⑧方位記号　⑨北
⑩ものさし

95ページ　練習のワーク

❶ (1)①×　②○　③○
(2)(い)市－ウ1　(う)町－ウ3

❷ (1)①㋒　②㋐　③㋑
(2)5つ
(3)600(m)

てびき ❶ (1)①地図中のこい色の場所は高い土地を表しています。③さくいんは、だいたい地図帳のいちばん後ろにあります。

(2)地図は、左から右に㋐～㋒、上から下に❶～❸と分けられています。(い)市はいちばん右の列のいちばん上の場所にあるので、㋒・❶にあたります。(う)町はいちばん右の列の上から3番目の場所にあるので、㋒・❸にあたります。

❷ (1)①は**はんれい**です。②は方位記号です。矢印が北をしめしています。③はじっさいのきょりを表すものさしです。地図中のこの長さは、じっさいには200mあることを表しています。

(2)ゆうびん局は、地図の北東のすみの方に2つ、横浜駅のまわりに3つあります。

(3)地図中のものさしがおよそ1cmなので、横浜駅から神社まではものさし3つ分、つまり600mあることがわかります。

なぞり道場　何回も書いてかくにんしよう！

国語辞典（こくごじてん）
百科事典（ひゃっかじてん）
インターネット
電子メール（でんしメール）

実力判定テスト　夏休みのテスト①

まちの様子

1 次の地図を見て答えましょう。(3)は1つ5点、1つ10点〔50点〕

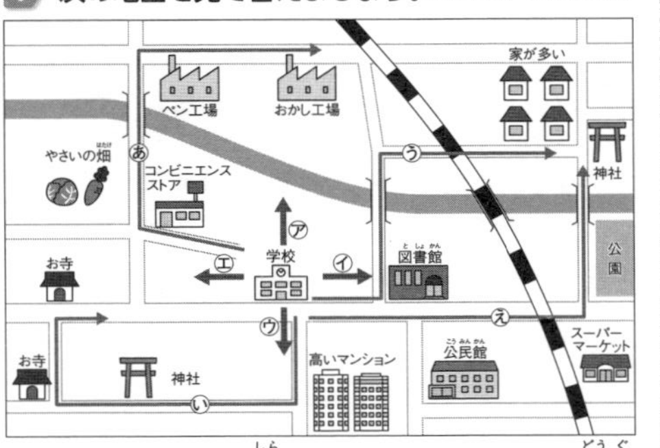

(1) 学校のまわりを調べたときに、右下の絵の道具を使いました。

① この道具を何といいますか。（方位じしん）

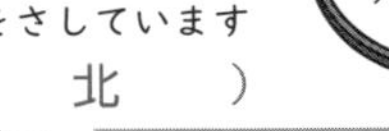

② ①の道具の色がついたはりは、どの方位をさしていますか。（　北　）

(2) 右の絵は、学校の屋上から見たけしきをかいたものです。➡㋐～㋓のどの向きを見てかいたものですか。（㋒）

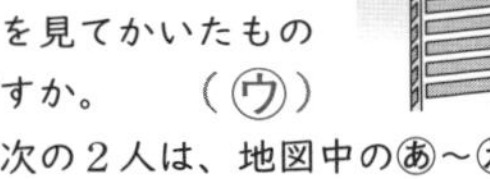

(3) 次の2人は、地図中のあ～えのどのコースでまちたんけんをしましたか。

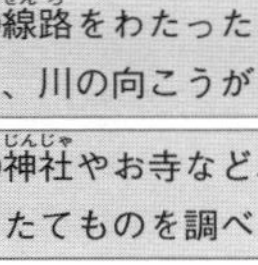

①線路をわたったあと、橋を通り、川の向こうがわに出ました。　え

②神社やお寺など、古くからあるたてものを調べました。　い

(4) みんながりようできるたてものや場所を公共しせつといいます。地図中にある公共しせつを、学校の他に1つ答えましょう。（図書館、公民館、公園から1つ）

市の様子

2 次の地図を見て答えましょう。 1つ10点〔50点〕

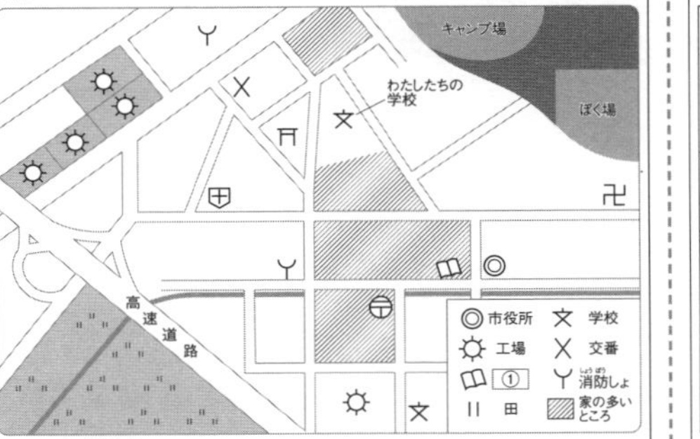

(1) 市役所から見て、わたしたちの学校はどの方位にありますか。八方位で答えましょう。（　北西　）

(2) 地図中の①の地図記号は何をしめしていますか。また、②ゆうびん局にあてはまる地図記号を地図中からさがして書きましょう。

①（　図書館　）

②

(3) この市で工場が集まっているところについて正しくせつめいしている文に○を書きましょう。

㋐（　）原料を船で運ぶのにべんりな海の近くに集まっている。

㋑（　）はたらく人が通うのにべんりな駅の近くに集まっている。

㋒（○）品物をトラックで運ぶのにべんりな高速道路の近くに集まっている。

(4) この市の土地の高い所には、休みの日に多くの人が来ます。その理由を、2つの地図を見て書きましょう。

〈れい〉キャンプ場やぼく場があるから。

実力判定テスト　夏休みのテスト②

店ではたらく人と仕事①

1 次の地図を見て答えましょう。 1つ10点〔50点〕

家の人の買い物調べ　コンビニエンスストア　スーパーマーケット　商店街　肉屋さん　洋服屋さん　わたしたちの学校　魚屋さん　八百屋さん　(2)

(1) 家の人が、もっとも多く買い物をした店はどこですか。（スーパーマーケット）

(2) 学校近くの八百屋さんで買い物をした人は4人います。地図中の□に■を書き入れましょう。

(3) ケーキ屋さん・わがし屋さん・花屋さんなどのいろいろな店が、通りのりょうがわなどに集まっているところを何といいますか。地図中からえらびましょう。（　商店街　）

(4) コンビニエンスストアについて、あやまっている文に×を書きましょう。

㋐（　）朝早くから夜おそくまで開いている店が多い。

㋑（　）宅配便を送ったり、コピーを取ったりできる。

㋒（×）スーパーマーケットよりも広く、ねだんも安い。

(5) 次の絵の人は、スーパーマーケットとコンビニエンスストアのどちらではたらいていますか。（スーパーマーケット）

店ではたらく人と仕事②

2 次の問いに答えましょう。 1つ10点〔50点〕

(1) 次のしりょうは、スーパーマーケットのどのくふうにあたりますか。それぞれえらびましょう。

①㋒　②㋐

㋐ 車で買い物に来る人のためのくふう。

㋑ お買いどく品を買いたい人のためのくふう。

㋒ 野菜を少しだけ買いたい人のためのくふう。

(2) 右の絵は、牛にゅうパックや食品トレーを回収するためのしせつです。このしせつを何といいますか。（リサイクル）ボックス

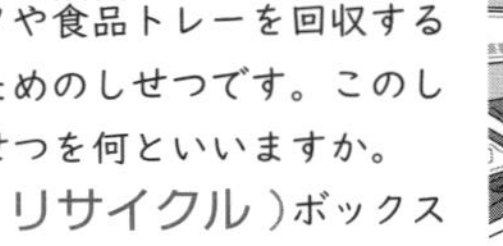

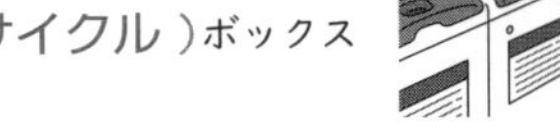

(3) 次の図からわかることを2つえらび、○を書きましょう。

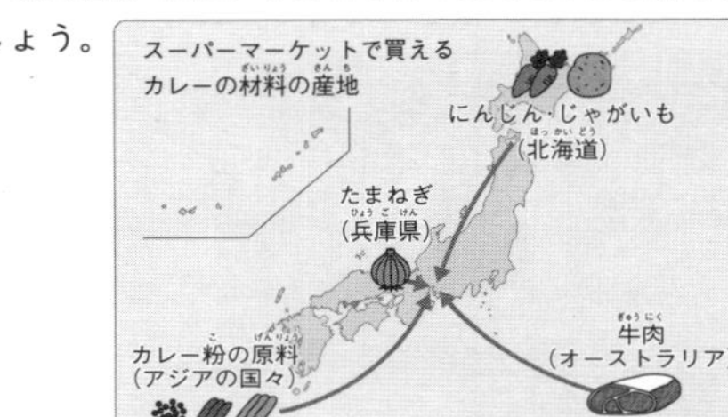

㋐（○）にんじんやじゃがいもは北海道から運ばれてくる。

㋑（　）店の近くでとれた品物だけでカレーをつくることができる。

㋒（○）外国から運ばれてくる品物もある。

㋓（　）たまねぎの産地はオーストラリアである。

実力判定テスト　冬休みのテスト①

工場ではたらく人と仕事

1 次の図を見て答えましょう。 (1)は1つ5点、1つ10点〔50点〕

あんぱん工場の見学でわかったこと

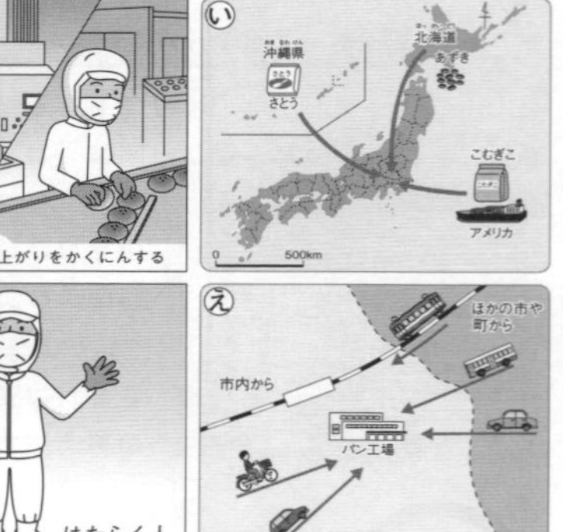

(1) あについて、次の文の{　　}にあてはまる言葉に○を書きましょう。

▶生地をこねる作業などは{(きかい)　人の手 }で行います。いっぽうで焼き上がりのけんさなど、{ コンピューター　(人の目)}にたよる作業も多いです。

(2) 次にあてはまるあんぱんの原料を、いの中からえらびましょう。

① パンの生地になる原料で、アメリカから取りよせている。（ こむぎこ ）

② あんの原料で、北海道から運ばれてくる。（ あずき ）

(3) うは、工場ではたらく人の服そうです。パンの生地やあんの中にかみの毛を落とさないためにどんなくふうをしていますか。

（〈れい〉頭にぼうしをかぶっている。）

(4) えについて、工場ではたらく人のうち、市内から来る人は何を使ってはたらきに来ていますか。1つ書きましょう。（自転車、自動車から1つ）

農家の仕事

2 次の図を見て答えましょう。 1つ10点〔50点〕

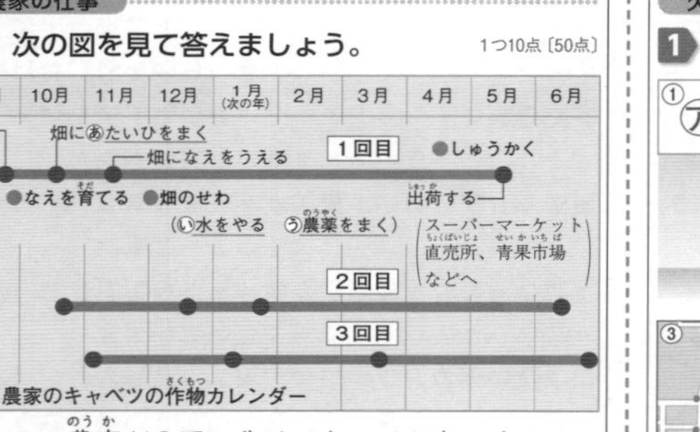

(1) この農家が3回に分けてキャベツをつくっているのはなぜですか。

ア(　　)はじめにキャベツをつくった畑でもう一度キャベツをつくるため。

イ(　　)しゅうかくの期間を短くして、お金がかからないようにするため。

ウ(○)しゅうかくの期間を長くして、長くキャベツが食べられるようにするため。

(2) 次の農家の人のせつめいにあてはまるものを、図中のあ～うからえらんで書きましょう。

① キャベツが害虫に食べられないためにまく、くすりです。安全のために、できるだけ少ない回数で使います。（う）

② 牛のふんにおがくずなどをまぜてつくるひりょうです。キャベツがそだつえいようになります。（あ）

(3) 右の写真は、図中の━━の間になえをそだてるしせつです。これを何といいますか。

（ビニールハウス）

(4) キャベツの送り先のうち、農家でつくられた作物を店に売る場所を何といいますか。上の図中からえらびましょう。

（ 青果市場 ）

実力判定テスト　冬休みのテスト②

火事からまちを守る

1 次のしりょうを見て答えましょう。 1つ10点〔50点〕

① ア　ヘルメット　防火服　マスク　防火ぐつ

② エ

	1日め 8:30	2日め 8:30	3日め 8:30	4日め 8:30	5日め 8:30	6日め 8:30	7日め 8:30
一ぱん 足立さん	当番	非番	当番	非番	休み	非番	当番
池田さん							
高野さん							
二はん 田中さん							
村田さん							
福井さん							

③ わたしたちの学校　消火栓　消防団のそうこ　防火水そう　ひなん場所

④

(1) ①・②の絵から、どのようなくふうがわかりますか。次からえらびましょう。

ア 火事の中でもやけどやけがをしないくふう。

イ 火事の電話をすぐに伝えるくふう。

ウ 消火に使う水をかくほするためのくふう。

エ 交たいではたらき、24時間そなえるくふう。

(2) ③の地図は、まちの消防しせつをしめしたものです。地図中の消火栓にあてはまる写真を、次からえらびましょう。（ウ）

ア　イ 初期消火箱 No.8-3　ウ 消火栓

(3) ④の絵の消防団の人たちが道具がちゃんと動くか調べていることを何といいますか。次からえらびましょう。

くんれん　点けん　（ 点けん ）

(4) 消防団では地いきの人たちが、消防に協力しています。それはどのような考えによるものですか。

▶自分たちのまちは自分たちで（ 守る ）という考え。

事故や事件からまちを守る

2 次の問いに答えましょう。 1つ10点〔50点〕

(1) 交通事故が起きたとき、110番の電話で知らせることを何といいますか。（ 通報 ）

(2) (1)の電話が最初につながるところを、図中からえらびましょう。（110番センター）

(3) 図中の交番の仕事にあてはまらないものに×を書きましょう。

ア(　　)町のパトロールを行う。

イ(×)けがをした人を救急車で病院に運ぶ。

ウ(　　)交通ルールを守らない人をしどうする。

(4) 次の地図は、まちの中の安全な場所やきけんな場所を書き入れてつくった地図です。これを何といいますか。（安全マップ）

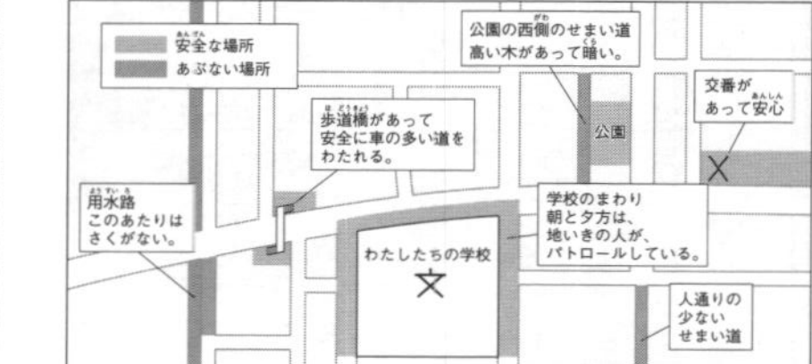

(5) 右のステッカーがはられた家や店は、上の地図の安全な場所、きけんな場所のどちらにあたりますか。

こども110番　けいしちょう

（安全な場所）

実力判定テスト 学年末のテスト①

かわる道具とくらし

1 次の問いに答えましょう。 1つ10点〔50点〕

(1) 上の絵は何をするための道具のうつりかわりですか。

▶(りょうり)を作る道具のうつりかわり。

(2) 上の絵のあにあてはまる道具の名前を次からえらびましょう。 (かまど)

石うす 千歯こき かまど

(3) 次の絵の道具の今の形を右からえらびましょう。 (ウ)

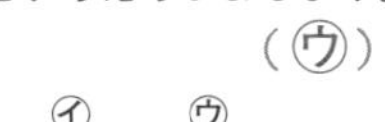

(4) 道具がべんりになったことのせつめいとしてあやまっているものに×を書きましょう。

ア(×)昔にくらべ、家事の時間が長くなった。

イ( )スイッチをおすだけで使えるものがふえた。

ウ( )電気がないと使えないものがふえた。

(5) 電話のうつりかわりをしめした次の絵を、古い順にならべましょう。

(イ)→(ウ)→(ア)

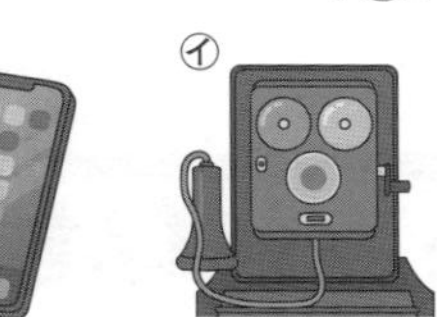

市のうつりかわり

2 次の地図を見て答えましょう。 1つ10点〔50点〕

(1) 地図1からわかる70年間の変化として、正しいものに○を書きましょう。

ア( )はじめて鉄道が通り、道路もふえた。

イ(○)鉄道に新しく駅ができた。

ウ( )鉄道がふえて、合わせて2本になった。

(2) 地図2で、新しくできたうめ立て地は、おもに何に使われていますか。 (工場)

(3) 地図1・2を見てわかることについて、次の出だしにつづけて、かんたんに書きましょう。

▶70年の間に交通がべんりになったため、林や田畑がへって、(〈れい〉家や店、工場がふえた)。

(4) 上の古い地図がかかれたのは、あとの年表中のア〜エのどの時期ですか。 (イ)

(5) 年表中の□にあてはまる年号を答えましょう。 (平成)

	大正 100年前		昭和 50年前	□ 30年前		令和
市のできごと	市に鉄道が通る ア	戦争が終わる イ	うめ立て地ができる ウ	新しい駅ができる エ	駅前に大きなビルがたつ	

実力判定テスト 学年末のテスト②

3年生のまとめ①

1 次の地図を見て答えましょう。 1つ10点〔50点〕

(1) 次の2人の言葉は、上の地図とどの地図をくらべたものですか。あとからえらびましょう。

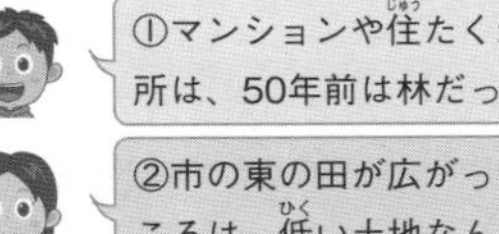
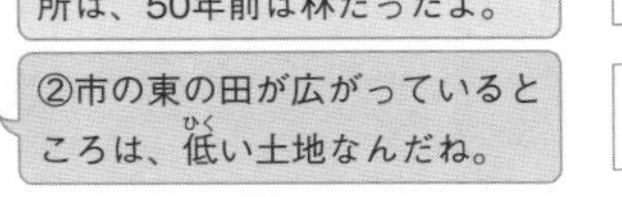

① ア ② ウ

ア 昔の地図 イ 県全体の地図

ウ 土地の高さがわかる地図

(2) 地図中の消防しょは、どのような地図記号で表されますか。 Y

(3) 消防しょではたらく人のせつめいとして正しいものに○を書きましょう。

ア( )ふだんはべつの仕事をしているが、火事のときに消火や救助を行う。

イ( )110番の通報をうけて、5分以内に出動する。

ウ(○)交たいできんむし、点けんやくんれんをかかさずに行う。

(4) 上の地図中央の□の部分で、安全な場所・きけんな場所を地図の右下にくわしくしめしました。あ〜うのうち、安全な場所にあてはまるものを1つえらびましょう。 (あ)

3年生のまとめ②

2 次の絵を見て答えましょう。 1つ10点〔50点〕

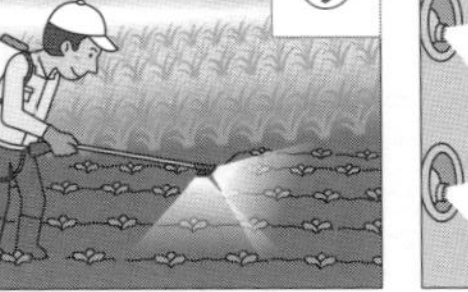

(1) 上の①・②のはたらく人のくふうを、次からえらびましょう。

ア ていねいに手をあらい、かみの毛やほこりを取る。

イ 商品の売れぐあいを調べ、仕入れをする。

ウ びょうきや害虫をふせぐための農薬は、なるべく回数を少なくする。

(2) ③の絵で、スーパーマーケットの店員さんが、①や②で作られた品物のいたみぐあいや新せんさをかくにんしているのはなぜですか。

▶食べ物の(品質)をたしかめるため。

(3) スーパーマーケットが、しょうがいのある人のために行っているくふうとして正しいものに○を書きましょう。

ア(○)せん用の駐車場をつくったり、車いすのかし出しをしたりしている。

イ( )ペットは店内に入れないので、補助犬もおことわりしている。

ウ( )食品トレーや牛にゅうパックのリサイクルをしている。

(4) ①の農家の人が昔使っていた、「千歯こき」のような古い道具は、どこで見ることができますか。次からえらびましょう。 (郷土資料館)

神社 公民館 郷土資料館

実力判定テスト かくにん! 地図記号

☆ 次の地図記号の意味を□からえらびましょう。　1つ5点〔100点〕

記号	文	◎	○	×	⊗
意味	①（小・中学校）	②（　市役所　）	③（町村役場・区役所）	④（　交番　）	⑤（けいさつしょ）
もとになったもの	漢字の「文」の形	太さがちがう二重丸	市役所よりも１つ少ない丸	２本のけいぼうが交わる形	交わったけいぼうを丸でかこんだもの
記号					
意味	⑥（消防しょ）	⑦（　図書館　）	⑧（　博物館　）	⑨（ゆうびん局）	⑩（　病院　）
もとになったもの	昔使われていた消防用の道具の形	開いた本の形	博物館や美術館などのたてものの形	昔の役所の頭文字「テ」から	昔のぐんたいの「えいせいたい」の記号
記号					卍
意味	⑪（老人ホーム）	⑫（　灯台　）	⑬（　発電所　）	⑭（　神社　）	⑮（　寺　）
もとになったもの	たてものの中にお年よりのつえをかいたもの	四方八方に光が出る様子	歯車と電気を送る線	鳥居の形	仏教の記号の「まんじ」の形
記号			‖	∨	
意味	⑯（　漁港　）	⑰（　鉄道　）	⑱（　田　）	⑲（　畑　）	⑳（　果樹園　）
もとになったもの	船のいかりの形	線路の形	いねをかり取ったあとの形	植物のふた葉の形	果物の実を横から見た形

果樹園　小・中学校　けいさつしょ　灯台　交番　市役所　消防しょ
神社　鉄道　町村役場・区役所　寺　図書館　博物館　田
畑　発電所　病院　漁港　ゆうびん局　老人ホーム

実力判定テスト 白地図で まちをつくろう!

1 次の白地図を使って、自分だけのまちをつくってみましょう。

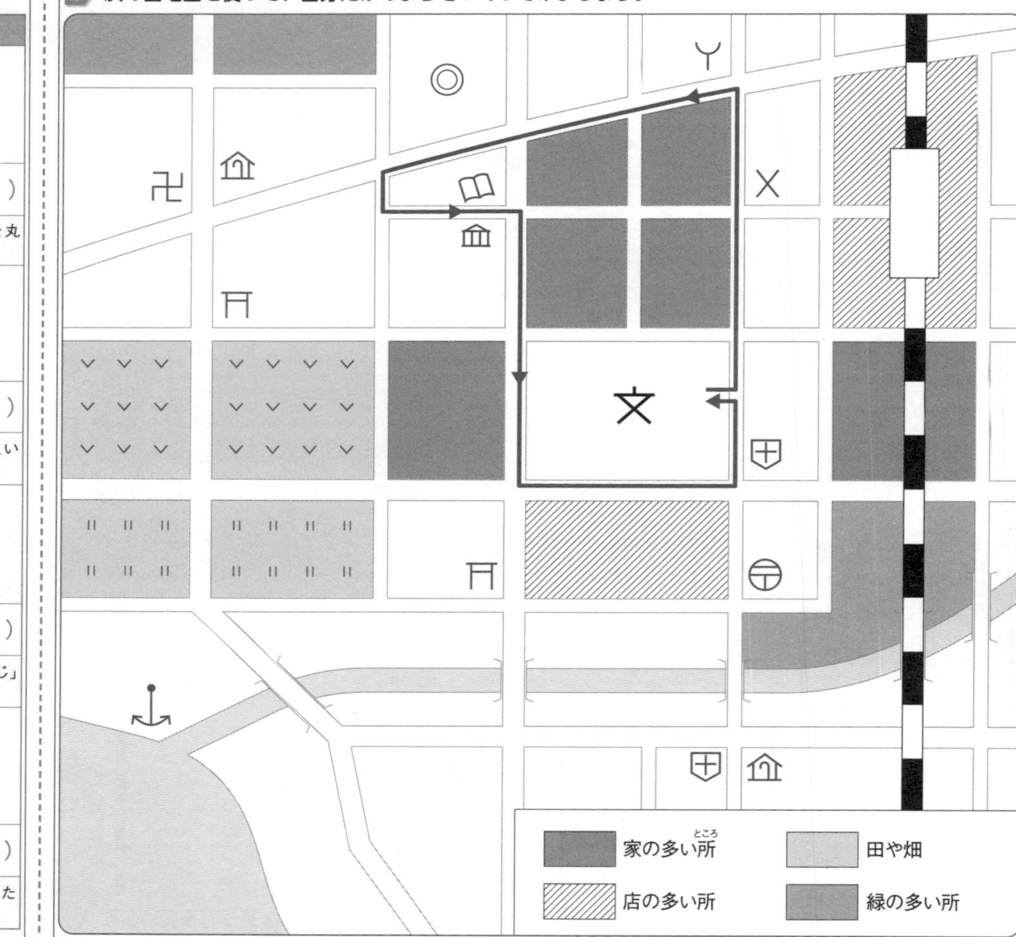

●このページのうらにある地図記号もさんこうにして、さまざまな地図記号をかき入れましょう。
●「家の多い所」「店の多い所」「田や畑」「緑の多い所」の色を決めて、色をぬりましょう。
●地図ができたら、中心の学校を出てまちをたんけんする道じゅんをかき入れましょう。たんけんコースの名前もつけましょう。

→〈れい〉公共しせつのたんけんコース

3 2 1 0 9 8 7 6 5 4
* * D C B A